Q&A

市民のための
特定商取引法

第2版

弁護士
村 千鶴子 著

中央経済社

第2版はしがき

　本書は，特定商取引法の規制対象と規制の概要の全体像を実例も挙げつつ，なるべくわかりやすく理解していただく入門書として執筆したものです。近年では，技術革新や経済変化，高齢化の進展などにより，消費生活が大きく変化しています。2020年から社会問題となった新型コロナウイルス感染症の拡大による緊急事態宣言や外出の自粛により，スマートフォンによるインターネット通販がすべての年齢層に一挙に広がりました。消費生活の変化に伴い，既存の規制だけでは対応しきれない新たな消費者被害が拡大しています。

　こうした状況の下で，特定商取引法の改正も短いスパンで繰り返されています。近年では，2016年改正ののちに，2021年6月に通信販売被害に対応する改正と国によるデジタル化の推進の方針に基づく改正が行われています。

　今回は，これらの改正を踏まえて2022年段階で施行されている部分を中心に加筆するなどの改訂をしました。また，事例で取り上げているものも，なるべく最新の消費者被害事例を盛り込むように配慮しました。たとえば，訪問販売の規制の適用をめぐって問題となっているいわゆる「くらしのレスキューサービス」事例，特定継続的役務提供取引の脱毛サービスをめぐるトラブル事例，通信販売の定期購入トラブル事例などを取り上げています。

　はじめて特定商取引法を学ぶ人，消費生活相談に従事する相談員の皆様に活用いただけましたならば幸いです。

2022年11月

村　千鶴子

改訂にあたって

　特定商取引法は消費者と事業者とが結ぶ契約の中でも，消費者が自分から必要な商品などを購入するために店舗に出向いて締結する，いわゆる「店舗取引」とは異なる特殊な取引方法について規制している法律です。「店舗取引」と違って，消費者にとってはわかりにくいとか，不意打ち性が強いなどの特徴があってトラブルが起こりやすい取引を規制対象としています。そして，被害を防止して取引が適正に行われるように公正競争環境が整備されることを目的とした行政規制と，消費者被害を救済するための民事ルールを定めています。

　昭和51年に「訪問販売等に関する法律」として制定された当時は，訪問販売・通信販売・連鎖販売取引（いわゆるマルチ商法）の３種類を規制していました。現在では，そのほか電話勧誘販売・特定継続的役務提供（継続的サービス取引）業務提供誘引販売取引・訪問購入の７種類を規制しています。

　この法律は，消費者を顧客とする事業者にとっては公正競争を行う上でのコンプライアンス体制の整備のための基本的な法律となっています。消費者にとっては，事業者選びの上でも，自分の身を守るためにも生活において必要とされる法律です。消費者行政に携わる行政担当者や消費生活相談担当者にとっては業務を行う上において基礎知識として必須となっています。

　本書は，このような位置づけである特定商取引法について，初めて勉強する人にもわかりやすく知っていただくことを目的としています。初版から第４版までは，『Ｑ＆Ａ これで安心！改正特定商取引法のすべて』というタイトルでした。しかし，内容は，特定商取引法全体を一般市民の方にもわかりやすく解説したものであることから，今回，2016年改正に伴う改訂に当たり，タイトルを『Ｑ＆Ａ 市民のための特定商取引法』と改めることにしました。

　これまでと同様，多くの方に活用いただければ幸いです。

2017年2月

村　千鶴子

は し が き

　私たちの暮らしを取り巻く環境の変化は，日々はやくなっているように思われます。それに伴い，販売される商品やサービスの種類も販売方法もますます多様化しています。こうした変化により生活の利便性が高まっている反面，消費者被害も増加しています。

　1990年代に爆発的に急増した消費者取引被害は，ここ数年は高め横ばいに推移しています。消費者取引被害の内容は，いわゆる振り込め詐欺を除くと，訪問販売，インターネット通販，連鎖販売取引などの特定商取引法関連の取引が半分以上を占めています。また，手口は悪質化，巧妙化，複雑化がすすみ，一筋縄ではいかないものが増えています。

　特定商取引法は，1976年に「訪問販売法」として制定されました。同法で定められているクーリング・オフ制度は，消費者保護制度としては最も広く知られています。今では，小学校や中学校の教科書にものっているほどスタンダードな制度です。しかし，正確に理解し，実際に必要なときに活用しているか，というとまだ不十分というところでしょうか。

　2002年の「市民のための特定商取引法Q&A」出版後，2004年改正をふまえて，2005年に改訂版を出版しました。今年2008年に再び大幅な改正がなされたのを機に，改正点をもりこむと共に，大幅に記述を整理して全面的に改訂しました。

　法律は多くの人々に知っていただき活用していただいて，はじめて生きてきます。消費者の皆様だけでなく，事業者の多くの方たちにも日常業務のコンプライアンス経営の参考にしていただければ幸いです。

　2008年9月

村　千鶴子

目　　次

第3章 ｜ 「通信販売」をめぐるトラブル事例と対応の仕方

第4章　「電話勧誘販売」をめぐるトラブル事例と対応の仕方

第8章　「訪問購入」をめぐるトラブル事例と対応の仕方

第1章

「特定商取引に関する法律」とはどんな法律か

この章では、「特定商取引に関する法律」（特定商取引法）の全体概要と、2021年5月に成立し、同年6月1日に公布された改正法のポイントについて紹介します。

1 特定商取引法とは

> **Q** 特定商取引法は，どういう経緯で何を目的として制定されたのですか。

●旧訪問販売法

特定商取引法とは，正式な法律名は「特定商取引に関する法律」といいます。この法律は，1976（昭和51）年に「訪問販売等に関する法律」（略称・訪問販売法）として制定されたものです。たび重なる改正に伴って規制される取引の種類が増えたことから，2000年に現在の名称に改正されました。

●制定された理由

訪問販売法が制定されたのは，次の事情によるものです。1960年代には高度経済成長を迎え，大量生産・大量販売・大量消費の時代になりました。生産された大量の商品は店舗での販売だけでなく訪問販売や通信販売で売られるようになりましたが，強引な押し込み販売やいいかげんな広告などによる消費者被害が多発しました。また，アメリカで連邦取引委員会から欺瞞的取引であるとして禁止されたマルチ商法の業者が日本に上陸し，マルチ商法の被害が多発したのもこのころでした。

そこで，これらの特殊な販売方法による取引を適正化し健全な発展を促し，消費者被害を防止するとともに被害救済をしやすくするために訪問販売法が制定されました。制定当初は，政令で指定した大量生産品に関する訪問販売・通信販売・一部のマルチ商法（連鎖販売取引）の3種類を規制するものでした。

●相次ぐ改正

その後も技術革新や経済状況の変化，消費生活の変化に伴って新たな取引形態が生まれ新たな消費者被害が起こります。新たな消費者被害が多発し社会問題となるたびに改正を繰り返してきました。近年では，時代の変化が激しくなっているため，改正のスパンも短くなる傾向にあります。これまでの主な改正のポイントを整理しておきましょう。

〔1988（昭和63）年改正〕

- 政令指定商品を大量生産品以外の商品にも拡大。政令指定役務・政令指定権利も対象に広げた。
- 現金取引にもクーリング・オフ制度を導入。期間を8日間に延長。
- 訪問販売を店舗等の営業所以外の場所での取引だけではなく，店舗等での取引でも「特定顧客取引」に当たるものも含むとする旨の拡大。これにより「不意打ち取引規制」となった。
- 連鎖販売の定義を役務取引も含むものに拡大。再販売型以外も規制対象に取り込んだ。

〔1996（平成8）年改正〕

- 電話勧誘販売を規制対象に追加。

〔1999（平成11）年改正〕

- 特定継続的役務提供を規制対象として追加。外国語会話教室，エステティックサービス，学習塾，家庭教師の4種類の役務を規制対象として政令指定した。

〔2000（平成12）年改正〕

- 業務提供誘引販売取引（いわゆる内職商法）を規制対象として追加。
- 法律の名称を「特定商取引に関する法律」と改正。

〔2002（平成14）年改正（政令の改正のみ）〕

- 電子メール広告にオプトアウト規制を導入。

〔2003（平成15）年改正（政令の改正のみ）〕

- 特定継続的役務としてパソコン教室と結婚相手紹介サービスを追加。

〔2004（平成16）年改正〕

- クーリング・オフ妨害行為によるクーリング・オフ期間延長制度を導入。
- 勧誘時の虚偽説明に基づく契約の取消制度を導入。

〔2008（平成20）年改正〕

- 商品と役務について政令指定制度を廃止。原則として商品と役務のすべてが訪問販売，通信販売，電話勧誘販売の適用範囲に拡大された。
- 訪問販売に再勧誘の禁止を導入。
- 過量訪問販売の禁止と解除制度を導入。
- 通信販売に8日間の返品制度をデフォルトルールとして導入。
- 電子メール広告規制をオプトアウトからオプトインに改正。
- 業者の違反行為について適格消費者団体による差止制度を導入。

〔2012（平成24）年改正〕

- 訪問購入を規制対象に追加。

〔2016（平成28）年改正〕

- 執行体制の強化
- 訪問販売・通信販売・電話勧誘販売の定義について，指定権利を特定権利に拡大。
- 通信販売に，FAX広告のオプトイン規制を導入。
- 電話勧誘販売に，過量販売の禁止と解除制度を導入。
- 特定継続的役務に「美容医療」を追加。

〔2021（令和3）年改正〕

- ネガティブオプションの改正
- 通信販売に，「特定申込」画面の表示規制と取消制度を導入。
- クーリング・オフの行使方法に，電子メールなどを追加。
- 交付書面の電子化を導入。この部分は，2023年6月施行見込

など

2 法律の目的と性格

> **Q** 特定商取引法の目的は何ですか。また，どのような機能をする法律ですか。監督官庁などはありますか。

●特定商取引法の目的

同法１条では法律の目的について下記のように定めています。

「特定商取引を公正にし，及び購入者等（＝具体的には消費者を意味します）が受けることのある損害の防止を図ることにより，購入者等の利益を保護し，あわせて商品等の流通及び役務の提供を適正かつ円滑にし，もつて国民経済の健全な発展に寄与すること」

特定商取引とは，訪問販売，通信販売および電話勧誘販売に係る取引，連鎖販売取引，特定継続的役務提供に係る取引ならびに業務提供誘引販売取引，訪問購入の７種類の取引を指します。

これらは，過去に被害が多発して社会問題になった特殊な取引方法による取引です。取引方法の特徴を整理すると次のように分類できます。

① 不意打ち的なもの…訪問販売，電話勧誘販売，訪問購入
② 非 対 面 取 引…通信販売
③ 継 続 的 な 取 引…特定継続的役務提供
④ 利 益 誘 導 型 取 引…連鎖販売取引，業務提供誘引販売取引

さらに，ネガティブオプションに関する規定も定めています。

●法律の種類─公法と私法

法律は，大きく分けると国による取締ルールと市民同士の契約に関する責任分配の考え方を定めた民事ルールの２種類があります。取締ルールを公法といいます。公法の中でも行政機関が「民間の事業者」を取り締まるための法律を「業法」といいます。市民同士の責任分配ルールは私法ルールとか民事ルールとも言われます。当事者間の責任分配ルールということから，当事者間ルールということもあります。

業法は，事業者の事業活動を適正なものにするために事業者が守るべきルー

ルを定め，違反した事業者に対して行政機関が調査のうえで行政処分などをして守らせることを目的としています。つまり，取引を適正なものにすることによって未然に消費者被害の拡大を防止することを目的としています。

　一方，民事ルールは，消費者が被害を受けたときに，これを解決するためのルールです。不当な契約をさせられた場合には契約をやめることができるルールを設ける，などというものがこれに当たります。

● **基本は業法**

　特定商取引法は業法です。監督官庁は，もともとは経済産業省でしたが，2009年に消費者庁が設置されたことにより消費者庁と経済産業省の共管になりました。行政処分の権限は，消費者庁にあります。また，処分権限は，都道府県知事にも付与されています。自治事務として都道府県知事は違反事業者について調査・処分ができます。

　同法に基づく行政処分は，消費者庁のホームページ等で公表されています。

● **民事ルールとしての制度**

　特定商取引法は業法ですが，一方で，消費者被害を解決するための民事ルールをいろいろと定めている点に特徴があります。クーリング・オフ制度，過量販売の解除制度，取消制度，中途解約制度などは重要な民事ルールです。

　多くの業法は，事業者が守るべきルールを定め，違反した場合には監督官庁が行政処分をすることができる制度を設けていますが，被害に遭った消費者を救済するための民事ルールは設けていないか，ごくわずかな制度しか定めていないのが一般的です。そのため，被害に遭った消費者は，業法を根拠に解決することは難しく，民法や消費者契約法などの民事ルールに頼らざるを得ないという実情にあります。

　しかし，特定商取引法では，消費者が契約をやめるための制度を中心に，さまざまな民事ルールを設けています。民法では簡単に解決できない場合でも，特定商取引法によれば容易に解決できる場合が少なくありません。

3　2021年改正の概要

> **Q**　特定商取引法は，2021年に改正されたということですが，どのような改正がされたのか，教えてください。

●改正の概要

2021年の改正の概要は，大きく分けると3点あります。

第1は，ネガティブオプションの改正です。販売業者は，送りつけた商品の返還を請求することができないとの改正を行いました。消費者の保管義務をなくしたわけです。

第2は，通信販売に関する改正です。ネット通販などに「特定申込」の制度を導入しました。「特定申込画面」に表示を義務付け，違法行為により消費者が誤認して契約のみ申込みをした場合には，申込みの意思表示を取り消すことができる制度を導入しました。

第3は，デジタル化を促進するための改正です。販売業者等に義務付けている書面交付義務は，「紙」による書面の交付を義務付けていますが，消費者の承諾があれば「紙」ではなく電磁的方法による交付でもよいとする改正をしました。あわせて，従来は，「書面＝郵便」で行う必要があったクーリング・オフ権利行使を電磁的方法による通知でも行うことができる旨の改正をしました。

●ネガティブオプションに関する規定の改正理由

改正前は，ネガティブオプションにより送りつけられた商品を消費者が受け取ってしまった場合には，販売業者は，消費者が商品を受け取ってから14日を経過すると商品の返還を請求することができなくなると定められていました。原則として，消費者は商品を受け取ってしまったら14日間は保管しておかなければならなかったわけです。しかし，これは，消費者にとってはわかりにくい制度です。そのうえ，カニや果物などの生鮮食料品のように品質を保持できる期間が短い商品のネガティブオプション被害が多発するなどしたことから，見直されたものです。

● 通信販売に関する規定の改正理由

　通信販売に関する改正は，いわゆる定期購入トラブルが増加し続けていることによります。従来の通信販売の規制では，販売業者に対する義務付けとしても，違反した場合のサンクションや消費者被害の救済についても，規定が不十分だったことから改正されたものです。

● デジタル化の促進に関する改正

　交付書面の電子化などの改正は，政府のデジタル化促進の政策の一環として政治主導で改正されたものです。

　これは，消費者委員会や消費者庁において，時間をかけてじっくり検討を重ねたうえで行われた改正ではありません。本来，特定商取引法における書面交付義務の目的や消費者保護のために果たしている役割などを考慮し，消費者保護が後退しないような配慮の下で，導入するかどうか検討されるべきものでした。しかし，現実には，このような検討は一切されず，2021年1月に官邸からの指示でデジタル化の一環としてすすめられたもので，強い批判があり，これにより消費者保護機能が後退する可能性がありうる点が危惧されています。

4　2021年改正法の施行日

Q　2021年改正法の施行日はいつですか。また，消費者が消費生活センターに相談した日が施行日以後であれば，改正法の適用があると考えてよいでしょうか。

●改正法の施行日

改正法の施行日は，下記のように3種類になっています。

① ネガティブオプションの改正

2021年7月6日から施行されています。

② 通信販売の改正

クーリング・オフの行使方法に関する改正

いずれも2022年6月1日から施行されています。

③ 書面の電子化の改正

2023年の施行予定。デッドラインは，2023年6月1日ですが，具体的な施行日は，2022年12月段階ではまだ決まっていません。

●施行日の意味

原則として，契約締結日が施行日以後の契約に改正法の適用があります。施行日より前に締結された契約には，改正前の法律が適用されます。

ポイントは，相談日がいつなのか，ということではなく，契約締結日が基準日になるという点です。

5 特定商取引法の規制の概要

> **Q** 特定商取引法では消費者を保護するためにどのような制度を定めていますか。法律全体の仕組みと概要を教えてください。

●規制の仕組みと考え方

特定商取引法は，訪問販売，通信販売，電話勧誘販売，連鎖販売取引，特定継続的役務提供取引，業務提供誘引販売取引，訪問購入の7種類の取引を規制しています。取引ごとに，その取引では何が理由で消費者被害が発生するか，どうすれば被害を防止できるのか，その特徴を踏まえた規制を設けています。

たとえば，訪問販売では，消費者にとって不意打ち的で勧誘の際に問題が起こりやすい点から規制を設けています。通信販売では，広告表示がいいかげんだとトラブルのもとになるので，広告についての規制が中心になっています。

規制の内容は，取引を適正化するための取締ルールと消費者被害を解決するための民事ルールに分けることができます。

●取締ルール

① 開業規制はありません。誰でも自由に業務を行うことができます。たとえば，貸金業法では貸金業を行うためには登録を必要としています。悪質業者を排除するためです。特定商取引法にはこういう規制はありません。

② 事業者に対して，取引の段階に応じて消費者への情報開示を義務付けています。情報格差の是正のためです。

広告の規制，訪問勧誘等の際の氏名等の明示，勧誘時の正しい説明，各種の書面の交付義務等は情報開示を義務付けたものです。

③ 不当な行為の禁止をしています。勧誘時のうそ，威迫行為，クーリング・オフを妨害するための同様の行為などを禁止しています。

④ これらの違反に対しては，改善指示，最大で2年間の業務停止命令と禁止命令，処分した場合の事業者名の公表という行政処分の制度があります。所管は消費者庁と都道府県です。

⑤ 取引の種類によって，その特徴に応じてさらにプラスした規制を設けてい

るものもあります。たとえば，インターネット取引の場合の画面表示の規制や迷惑メールの規制，特定申込画面の表示規制（2021年改正で導入），訪問購入の場合の不招請勧誘の禁止，訪問販売や電話勧誘販売の過量販売の禁止などがあります。

●民事ルール

　特定商取引法は，消費者が納得できない契約をしてしまった場合にその契約をやめることができる制度をいろいろと用意しています。これは，消費者被害を解決する場合に活用することができる有効な制度です。ただし，この制度は消費者が自分の問題を解決するためには自分で法律の定めに従って権利を行使することができるというもので，相手の事業者が応じないために紛争した場合には，最終的には民事裁判をして裁判所に結論を下してもらうことになります。

　取締ルールのように，消費者庁や都道府県に処分してもらうための制度ではありません。

　取引によって導入されている民事ルールに違いがありますが，特定商取引法が導入している民事ルールには次のようなものがあります。

- クーリング・オフ制度
- 通信販売の場合には，返品制度のデフォルトルール
（事業者が返品不可と広告に明確に表示していれば，表示に従う）
- 過量販売の解除制度
- 取消制度
　事業者が勧誘の際に嘘をついて消費者を誤解させた場合等に利用できる制度。
- 中途解約制度
　契約を将来に向かって解消できる制度。遡って最初から解消できるクーリング・オフや取消制度とは異なる制度。特定継続的役務提供と連鎖販売取引に設けられている。

●取引ごとの規制の概要

　取引ごとにどのような規制が設けられているかを整理すると次のようになっ

ています（2022年12月現在）。

　ここでは，わかりやすくするために行政規制と民事ルールを別々の表で示しています。

【行政規制の概要】

	訪問販売	通信販売	電話勧誘販売	特定継続的役務提供	訪問購入	連鎖販売取引	業務提供誘引販売取引
定義	2条1項	2条2項	2条3項	41条	58条の4	33条	51条
広告表示義務	×	○	×	×	×	○	○
誇大広告の禁止	×	○	×	○	×	○	○
迷惑メール規制	×	○（注1）	×	×	×	○	○
不招請勧誘の禁止	×	×	×	×	○	×	×
氏名等の明示	○	×	○	×	○	○	○
勧誘同意	△（注2）	×	×	×	○	×	×
再勧誘の禁止	○	×	○	×	○	×	×
禁止行為	○	○（注3）	○	○	○	○	○
特定申込規制	―	○	―	―	―	―	―
概要書面	×	×	×	○	×	○	○
申込書面	○	×	○	×	○	×	×
契約書面	○	×	○	○	○	○	○

（注1）　通信販売では，電子メール広告と同様，ファクシミリ広告についても消費者の同意なく送信する行為は禁止されている。

（注2）　契約の勧誘に当たり，消費者から勧誘をすることについての同意を得るよう努力すべきことは定められているが，同意を得ないで勧誘をしても行政処分の対象にはならないため「△」とした。

（注3）　契約の解除を妨げるための不実の告知が禁止されている。2021年改正で導入された。

【民事ルールの概要】

	訪問販売	通信販売	電話勧誘販売	特定継続的役務提供	訪問購入	連鎖販売取引	業務提供誘引販売取引
クーリング・オフ	8日間	×（注1）	8日間	8日間	8日間	20日間	20日間
過量販売解除	○	×	○	×	×	×	×
取消し	○	○（注2）	○	○	×	○	○
中途解約	×	×	×	○	×	○	×

（注1）　通信販売では，クーリング・オフ制度はないが，返品制度についての広告表示義務と返品制度のデフォルトルールがある。　⇒　通信販売の章を参照のこと。

（注2） 特定申込画面の表示事項に表示義務違反があり，消費者が誤認した場合は取消しできる制度がある。ネット通販には適用があるが，すべての通信販売に取消制度があるわけではないので，注意すること。2021年改正により導入されたもの。

6 クーリング・オフ制度とは

> **Q** クーリング・オフ制度とはどういうものですか。契約した後でも消費者はいつでも一方的にやめることができるのですか。

●クーリング・オフ制度の趣旨

クーリング・オフ制度とは，「頭を冷やして考える猶予期間を確保する」という意味合いの制度です。訪問販売などの不意打ち的な取引で消費者が十分調べたり考えたりするゆとりがない状態で結んでしまった契約や，マルチ商法のように複雑でリスクが高い取引などで，契約締結後に契約内容を十分確認したうえで，もう一度よく調べ考えて選び直すことができるように設けられた制度です。

したがって，クーリング・オフをするときには，理由は必要ありません。

●クーリング・オフの適用がある取引は

特定商取引法では通信販売以外の6種類の取引にクーリング・オフ制度を設けています。通信販売は消費者にとって不意打ち的なものではないので，クーリング・オフ制度はないという考え方によるものです。代わりに「返品制度の有無」と，返品できるときにはその期間や方法，費用負担などを広告に明記するよう義務付けられています。

●クーリング・オフ期間

クーリング・オフ期間は，取引の種類によって違っています。訪問販売，電話勧誘販売，特定継続的役務提供，訪問購入の4種類は8日間，連鎖販売取引と業務提供誘引販売取引は20日間です。

●クーリング・オフ期間の起算日

クーリング・オフ期間は，訪問販売と電話勧誘販売，訪問購入の場合には特定商取引法で義務付けられた申込書か契約書のいずれかを交付された早いほうの日を1日目として計算します。

　連鎖販売取引，特定継続的役務提供，業務提供誘引販売取引の３種類は，特定商取引法で義務付けられた契約書を渡された日を１日目として計算します。連鎖販売取引のうち，仕入れをして販売するという形態の場合には（これを再販売方式と言う），仕入れた商品を最初に引き渡された日と契約書を渡された日のいずれか遅い日から計算します。自分が販売する商品が手元に届いて直接確認したうえで「この商品を販売する仕事をするつもりがあるか」を考え直すことができるようにしているわけです。

　この場合の申込書や契約書は，特定商取引法の取引ごとの規制で，書面ごとに記載すべきと法律で定めている記載事項がすべて正しく記載されたものであることが必要です。事業者は「契約書だ」といっても，表題に「契約書」と表示されていても，特定商取引法で定めた記載事項が欠落していたり不正確なものを渡された場合には，クーリング・オフ期間の起算日にはなりません。つまり，契約締結後にも不備な書面しかもらっていない場合には，８日あるいは20日を過ぎていてもクーリング・オフできます。

　取引ごとの契約書などの記載事項は，各章を参考にしてください

　このような制度にしているのは，事業者は消費者に対して，契約について重要なことはすべて契約書などに記載して交付する方法で，きちんと内容を開示すべき義務があるとする趣旨です。消費者は，契約内容を書面で確認できる状況で，一定期間は考え直すことができる権利があるということです。契約内容についてわかりやすくはっきりと，すべてを記載した契約書面を渡されていない消費者は，情報が足りないために考え直すだけの材料が十分にはありません。事業者には，情報を開示すべき義務を尽くしていない非があります。したがって，契約書が渡されないときや不備があるときには，クーリング・オフ期間は進行しないとされているのです。

● クーリング・オフの方法

　クーリング・オフは，契約を解除する旨を事業者に書面で通知する方法で行います。一番簡便な方法は，ハガキに書いて簡易書留か配達証明付き書留で送付するというものです。ハガキは両面ともコピーをとり，簡易書留などの伝票や契約書とともに保管しておきます。これは，クーリング・オフを期間内に行

ったことを明らかにするためです。

　配達証明付き内容証明郵便であれば一番確実です。

　クーリング・オフ期間内の消印で送付すれば，相手に届くのはクーリング・オフ期間経過後でも大丈夫です。これは，クーリング・オフ制度については民法の到達主義とは異なって，特別に発信主義をとっているためです。

　2021年の改正により，電子メールやFAXによる方法でもよいことになりました。この場合も発信主義である点は同じです。

●口頭でのクーリング・オフの効果

　電話や直接相手に会って口頭でクーリング・オフした場合にも，クーリング・オフをしたことが客観的に明白であれば有効である，とする裁判例があります。ただし，そうはいっても相手の事業者との間で「言った」「聞いていない」などと揉めた場合には，消費者に不利になります。クーリング・オフは面倒でもハガキなどの文書を郵送する方法で行い，必ずコピーなどを保管しておく方法がベストでしょう。

●クーリング・オフを妨害された場合

　事業者に威かされたためにクーリング・オフできなかったり，事業者が嘘をついて受け付けてくれないことがあります。「この商品はクーリング・オフできない」「うちでは，認めていない」「手をつけた商品の返品は認められない」などと拒否するのが典型です。

　このように事業者に威迫されたり，重要なことについて事実と異なる説明をされてクーリング・オフを妨害された場合には，クーリング・オフ期間が延長されます。

　訪問販売であれば，事業者から，「当社はクーリング・オフ妨害をしたので，この書面の交付から8日間経過するまでは，まだクーリング・オフができます」と記載した再交付書面を口頭の説明とともに渡されてから8日を経過するまではクーリング・オフできます。連鎖販売取引などの場合には，再交付書面をもらい口頭説明を受けた日から20日目までクーリング・オフできるわけです。

●消耗品のクーリング・オフ

　消耗品を購入して使用してしまった場合のクーリング・オフ制度はどうなっているのでしょうか。

　訪問販売，電話勧誘販売では，健康食品，不織布及び織物，防虫剤類，化粧品類，コンドーム・生理用品，壁紙，履物，配置薬の8品目を政令で消耗品と指定しています。特定継続的役務提供の場合には，健康食品と化粧品類等を消耗品として指定しています。

　このように指定された商品を購入し，契約書面に「その消耗品を使用するとクーリング・オフ期間内でもクーリング・オフできなくなる」ことが記載されており，購入後に消費者が自分の判断で使用した場合には，使用した商品についてはクーリング・オフ期間内であってもクーリング・オフできなくなります。その場合のクーリング・オフできない商品の単位は，「同種の商品が通常市販されているときの小売り最小単位」です。化粧品であれば，クリーム1ビン，口紅1本といった単位で使用した部分のみクーリング・オフできなくなります。残りの手をつけていない商品はクーリング・オフできるわけです。

　政令で消耗品として指定されていない商品の場合には，いったん使用してしまってもクーリング・オフ期間内であればクーリング・オフできます。

●クーリング・オフの法的効果

　消費者がクーリング・オフの通知を発信すると，契約は最初に遡って解消され，契約そのものがなかったことになります。事業者の同意は必要ありません。

　事業者は，その契約に関して受け取った金銭はすみやかに返還しなければなりません。消費者に商品を引き渡している場合には，事業者の費用負担で引き取る義務があります。

　名目のいかんを問わず，事業者は，消費者に対して金銭請求はできません。事業者がサービスの提供をしていた場合でも対価を請求することはできませんし，クーリング・オフ期間中に商品を引き渡してしまったために消費者が使用したという場合でも，使用料や使用利益の返還などを請求することはできません。

　この点が，クーリング・オフ制度が消費者にとって使いやすく，効果的な制

度になっている重要なポイントです。

●強行規定

　消費者に不利な特約は無効です。

7　取消制度の内容と手続

> **Q**　クーリング・オフ期間が経過しても契約を取り消すことができる制度があるということですが，どういう場合に取消しできるのですか。また，「取消制度」の意味を教えてください。

●取消制度の趣旨

　特定商取引法では契約の勧誘の際に契約に関する重要事項について事実と異なる説明をしたり，事実を隠す行為を禁止し，行政処分と刑事処罰の対象としています。さらに事業者にこうした禁止行為違反があり，消費者が説明どおりだと誤認して契約した場合には，追認できるときから1年間は契約を取り消すことができます。したがって，勧誘内容に問題がある場合には，クーリング・オフ期間が経過してしまっていても，違法な勧誘行為を理由に契約を取り消すことができる可能性があるわけです。

●取消制度がある取引

　事業者による勧誘行為がある取引，つまり通信販売以外の訪問販売，電話勧誘販売，特定継続的役務提供，連鎖販売取引，業務提供誘引販売取引の5種類の取引には取消制度があります。訪問購入には取消制度はありません。また，2021年改正で，通信販売にもネット通販等に限って取消制度が導入されました（→詳しくは通信販売の章で取り上げています）。

●取消制度とは

　契約は有効なものとして成立します。ただし，取消事由がある場合には，消費者が「やめたい」と考えるなら，取り消すことによって無効にできるというものです。

　どちらにするか，選択権は消費者にあるわけです。

●重要事項とは

　事業者が販売している商品・役務（サービス）・権利に関すること，価格に

関すること，クーリング・オフや解除制度などに関することは，重要事項です。契約の必要性，事業者の信用性や消費者が契約しようとする動機付けなども，不実の説明をした場合には，重要事項になります。

　連鎖販売取引の場合には，特定負担や特定利益，業務提供誘引販売取引の場合には，業務提供利益や特定負担，特定継続的役務提供の場合には関連商品や中途解約が自由にできること，解約の場合の清算方法なども重要事項になっています。

●取消期間

　取消しができる期間は，原則として追認できるときから1年間です。追認とは，取り消すことのできる行為を取り消さないものと決める意思表示のことで，追認できるときとは，取消事由がなくなり，かつ，消費者が「自分には取消権があることを知った」ときです。この，取消事由がなくなったときとは，「事業者の勧誘時の説明が事実と違っていたこと」をはっきりと知ったとき，あるいは「事業者が重要事項を隠していたこと」をはっきり知ったときを意味します。

　ただし，契約締結から5年が過ぎてしまうと，取り消すことはできなくなり契約は完全に有効なものになります。取り消すことができる期間をあまり長くすると法的安定性が損なわれるという理由から，このような扱いとされたものです。

●取消しの方法

　契約を取り消す場合には，特定商取引法ではクーリング・オフのように書面で行うことは要求していません。したがって，事業者に，取消事由があったことと取り消すことを通知すればいいわけですが，取消期間経過後に事業者に「聞いていない」と言われると，取り消したことを証明できない消費者は不利になります。ですから，取消しは，通知書面を配達証明付き書留で郵送し，コピーを保管するようにしてください。取消しの効果は，相手が取消通知を受け取った日から生じます。そこで，相手が通知を受け取った日を証明できる「配達証明付き」書留が確実な方法です。

　また，取り消す場合には，取消しできるような勧誘上の行為があったかどうかが大切なポイントになります。契約の際には，事業者の説明の大切な部分をその契約の関係書類や説明資料，あるいは日記や家計簿などにメモする習慣をつけると，取消事由のあったことを具体的に説明しやすいですし，証拠になるので制度をうまく活用することができるでしょう。

●取消しによる清算ルール

　契約ははじめに遡ってなかったことになります。事業者は代金等を返還し，消費者は受け取った商品等を返還する義務があります。民法の原状回復義務と違って，消費者は「現に利益を受けた限度」で返還すればよい点がポイントです。

第 2 章

「訪問販売」をめぐる
トラブル事例と対応の仕方

　セールスマンが自宅に訪問してくる典型的な自宅訪問販売以外にも，キャッチセールスやアポイントメントセールスなど，さまざまな訪問販売があります。
　ここでは具体的な訪問販売の事例を取り上げつつ，消費者保護の規制について紹介します。

1 訪問販売とは

> **Q** セールスマンから電話があり，子供用学習教材について訪問して説明したいと言うので日時を指定して来てもらいました。説明が上手で契約しましたが，よく考えるべきだったと後悔しています。クーリング・オフできますか。

●訪問販売の特徴

ケースは事業者の店舗ではない場所で契約しているので，典型的な訪問販売です。最近の訪問販売では，セールスマンが突然訪問してくるものだけではなく，あらかじめ電話をかけてきて約束してから訪問するタイプも見受けられます。忙しい現代社会では，突然訪問しても消費者が在宅していないことが多くなっているためです。

訪問販売には，次のような特徴がありトラブルが少なくありません。

- 事業者からアクセスしてくるため消費者にとっては不意打ち的である。
- 消費者には，情報がないため事業者の説明に頼ることになる。
- その場で契約を迫られるため十分考える時間がない。
- 閉鎖的な場所での勧誘のため，強引になったりいいかげんな説明がされがち。
- 販売方法に問題があっても，事業者との間で水掛け論になりがち。

●特定商取引法の訪問販売の定義

同法では消費者にとって不意打ち性の高い取引を「訪問販売」として規制しています。訪問販売の要件は，商品等の販売や役務（サービス）を有償で提供する者が事業者であること，一定の販売形態と購入したモノは何かの3点から構成されています。事業者とは，反復継続して営利事業を行う者を指します。

⑴ 販売形態

販売形態としては，次の2種類の定義があります。

「営業所等（いわゆる店舗等に類する場所）以外の場所での取引」か「特定顧客との取引」であることが必要です。「特定顧客」とは消費者が店舗等に出

向いた事情が特殊で，消費者にとって不意打ち的な場合を対象にしています。特定顧客取引は取引の場所が店舗等でも訪問販売に該当します。特定顧客の定義についてはこの章のＱ3で詳しく説明しています。

(2)　商品，役務（サービス），特定権利に関する取引であること

　商品，役務（サービス）に関する取引は，適用除外の取引に該当する場合は別にして，原則としてすべての取引が訪問販売の対象になります。従来は政令指定制度を取っていましたが，「後追いになる」という問題点があるため，2008年に商品と役務については政令指定制度が廃止されました。

　なお，権利の販売の場合には，「特定権利」のみが対象になります。「特定権利」については，Ｑ4で詳しく取り上げています。

●訪問販売の規制の概要

　訪問販売に関する規制の概要は下記のとおりです。不意打ち性があることから，事業者に段階的に説明義務を課すとともに，消費者の自主的な選択の機会を確保する下記の規制となっています。

●取締ルール─事業者が守るべきルール

　取引を適正化して消費者被害を未然に防止するための規制です。違反した場合には行政処分や部分的に刑事罰の対象になります。

- 勧誘しようとするときは最初に事業者名，取扱商品等の種類，勧誘目的を明示する。
- 勧誘をすることについて消費者の同意を得るよう努力する。
- 断られたら居座ったり何度も訪問しない（再勧誘の禁止）。
- 不当な勧誘行為等の禁止…勧誘の際に嘘をついたり威したり，消費者の迷惑になる勧誘を禁止。閉鎖的な場所に誘導して勧誘する行為も禁止されている。クーリング・オフを妨害するための不当な行為も同様に禁止。
- 日常生活に必要な分量を著しく超える量の契約は禁止（過量販売の禁止）。
- 申込書及び契約書の交付義務。記載すべき項目も法律で定めている。

●民事ルール

　消費者が契約をやめたい場合などに利用できる制度です。契約締結後どれくらい経過しているのか，どういう理由で契約をやめたいのかなどの事情によって活用できる制度が違います。それぞれの制度については，詳しいケースごとの解説を参照ください。

- ８日間のクーリング・オフ制度
- 過量販売の解除制度（契約締結日から１年間）
- 勧誘の際に嘘があった場合の取消制度（追認できる時から１年間）
- 契約が解除された場合の違約金の制限（ぼったくり条項の禁止）

2　営業所等とは

> **Q**　営業所等以外の場所での取引とはどんな場所での取引を指しますか。お店に出向いてした契約は訪問販売にならないことはわかりますが，それ以外にはどんなところが営業所等になるのでしょう。

●営業所等の定義
特定商取引法では，施行規則第1条で「通常の営業所等に類する場所」（＝「営業所等」）とは次の場所をいうと定義しています。
- 一　営業所
- 二　代理店
- 三　露店，屋台店その他これらに類する店
- 四　前三号に掲げるもののほか，一定の期間にわたり，商品を陳列し，当該商品を販売する場所であつて，店舗に類するもの
- 五　自動販売機その他の設備であつて，当該設備により売買契約又は役務提供契約の締結が行われるものが設置されている場所

●展示会などの場合
上記一，二は通常の店舗や事業所などを指します。問題は，展示会や催事販売会場などの常設の店舗ではない場合には「営業所等」に該当するかどうかです。この点について定めたのが上記四の定義です。

これだけではわかりにくいですが，監督官庁では具体的には次の基準をすべて満たしている場合には営業所等に当たるとしています。
- ①　期間については2，3日以上の期間にわたること
- ②　販売の用に供する固定的施設における取引であること

　　たとえば，通常，展示販売会場として使用される施設であるホテル，旅館，料亭，駅ビルやデパートの催事場などです。最近よく見かける空き店舗の利用もこれに当たります。

　　カラオケボックス，空き地，消費者の自宅などは該当しません。
- ③　商品などを陳列して，消費者が自由に選択できる状態であること

　　　ポイントは，「消費者が契約するかしないか，どれを購入するか」を自由に選択できる環境だったか，という点にあります。商品が陳列され表示もきちんとされていても，消費者が自由に選択することができない状態で契約が進められたり，販売担当者が取り囲むなどして特定の商品の購入を強要したり，契約しないと会場を出ることができない状態だったときには，この要件を満たしていないということになります。

　なお，以上の要件が1つでも欠けている場合には，営業所等とはいえないので，訪問販売に該当することになります。

　具体的な例では次のようなものは訪問販売に当たります。

〈例1〉　呉服の展示販売会で，入り口で履物などを預けて会場内に案内された。帰ろうとしたら，契約しないと履物は返してもらえなかったので，仕方なく履物を返してもらうために契約する羽目になった。

〈例2〉　絵画の展示販売会場で，見るだけのつもりだったのに販売担当者に「どれが好きですか」と聞かれたので，買うつもりはなかったが見た中で一番気に入ったものを答えたところ，あの手この手で契約するように言われた。高いから買えないと断ったら，分割で買える，1か月に支払える額はいくらか，毎月5,000円ならだれでも支払える，と迫られて断れなくなった。

〈例3〉　友人に誘われて出向いた無料講習会場で面白おかしい話に夢中になっていたら，そのうちに健康食品の話になり，「欲しい人は手をあげて」といわれてまわりの熱狂的な雰囲気にのまれてみんなと一緒に我れ勝ちにと手をあげたら購入する羽目になってしまった。

3　特定顧客取引とは

> Ｑ　店舗での取引でも，消費者がそこに出向いた事情によっては，訪問販売として規制されるとのことですが，それはどんな場合ですか。

●特定顧客取引の考え方

　特定顧客取引が訪問販売に該当するとされているのは，消費者にとって不意打ち的な取引となる点が，一般的に訪問販売といわれている取引と同じであるためです。したがって，特定顧客の定義のポイントは，消費者にとって不意打ち的なものである場合ということになります（特定商取引法2条1項2号，政令1条）。

　次の方法で営業所等に出向いた顧客が「特定顧客」に該当します。

① 　営業所等以外の場所で声をかけて営業所等に同行すること。

② 　電話，郵便，信書便，電報，ファクシミリ装置を用いて送信する方法若しくは電磁的方法（メールやSNS），若しくはビラ若しくはパンフレットを配布し若しくは拡声器で住居の外から呼び掛けることにより，又は住居を訪問して，当該売買契約又は役務提供契約の締結について勧誘をするためのものであることを告げずに，営業所その他特定の場所への来訪を要請すること。

③ 　電話，郵便，信書便，電報，ファクシミリ装置を用いて送信する方法若しくは電磁的方法により，又は住居を訪問して，他の者に比して著しく有利な条件で当該売買契約又は役務提供契約を締結することができる旨を告げ，営業所その他特定の場所への来訪を要請すること（当該要請の日前に当該販売又は役務の提供の事業に関して取引のあった者に対して要請する場合を除く）。

●キャッチセールス，アポイントメントセールス，催眠商法

　上記①の典型的なものが，街頭でアンケートなどと声をかけたり，スカウトをよそおって店や事務所などに連れて行くキャッチセールスです。②③は別の目的を告げたり特別に有利な条件で契約できると呼び出すもので，若者を狙う

アポイントメントセールスや高齢者を狙う催眠商法が典型例です。

●SNS による呼び出しのとき

　スマートフォンの普及に伴い，若者の通信手段は，今や SNS（ソーシャルネットワーキングサービス）が中心となりました。そこで，特定顧客の呼び出し方法に SNS も含まれると定めています。

●目的を隠すタイプの特定顧客取引の新手

　目的を告げずに同行したり呼び出したりするタイプの特定顧客取引では，「その日」には契約をさせず，目的を隠したまま次の来訪を約束させ，何度目かに来訪したときに契約させる新手の悪質商法が広がっています。

　そこで，2016年改正に伴い，このタイプのものも特定顧客取引に当たることが明確化されました。

4　特定権利とは

> **Q**　特定商取引法による訪問販売の規制は，商品と役務（サービス）に関する取引はすべて対象となるものの，権利の販売契約については「特定権利」の販売契約の場合のみが規制対象とされているということです。
>
> どのような権利が特定権利に当たりますか。また，権利の販売の場合には，商品や役務の契約と違って，特定権利に限定されているのはなぜですか。

●特定権利とは

特定商取引法2条4項では，「この章並びに第58条の19第1号及び第67条第1項において「特定権利」とは，次に掲げる権利をいう。」として，下記の3種類の権利を定めています。

> 一　施設を利用し又は役務の提供を受ける権利のうち国民の日常生活に係る取引において販売されるものであつて政令で定めるもの
> 二　社債その他の金銭債権
> 三　株式会社の株式，合同会社，合名会社若しくは合資会社の社員の持分若しくはその他の社団法人の社員権又は外国法人の社員権でこれらの権利の性質を有するもの

二号，三号で定められている権利は，高齢者等を対象に「いま契約すれば儲かる」などといって訪問販売や電話勧誘販売で社債・医療機関債・学校債などの金銭債権や未公開株式などを販売し，消費者が多額の被害を被る事案が多発したことから，規制対象とされるに至ったものです。

一号の権利として政令で指定されているのは，下記の3種類の権利です。

> 一　保養のための施設又はスポーツ施設を利用する権利
> 二　映画，演劇，音楽，スポーツ，写真又は絵画，彫刻その他の美術工芸品を鑑賞し，又は観覧する権利

三　語学の教授を受ける権利

　上記以外の権利の販売契約は，訪問販売方式で契約が為されたとしても，特定商取引法の規制は適用されません。

● なぜ特定権利に限定されているのか

　商品や役務に関する取引は，原則すべての取引が規制対象とされているのに，なぜ権利の販売契約の場合には特定権利に限定されているのでしょうか。

　これにも特定商取引法の歴史的な経過がかかわっています。特定商取引法の元となった訪問販売法の制定当時は，大量生産品のうちから政令で指定された商品に関する販売契約のみが訪問販売や通信販売の規制対象とされていました。その後，世の中のサービス化が進み，消費者が対価を支払ってサービスを利用することが当たり前になり，訪問販売などの被害が多発するようになったことから，1988年に大量生産品以外にも政令指定商品を拡大するとともに，役務と権利についても政令で指定した取引については規制対象とすることにしました。ところが，悪質業者は，法律の規制を免れるために政令で指定されていない商品や役務を対象に訪問販売などを行うようになり，これらに関する訪問販売被害が多発するようになりました。

　このような事態に対応するために，ようやく2016年改正で商品と役務に関する取引については政令指定制度を廃止し，原則すべての商品と役務に関する取引に拡大されました。その際に，権利の販売契約についても拡大すべきだということで検討されました。ただ，権利の販売契約に関する被害については，消費生活センターに寄せられた消費者被害例に基づいて分析検討した結果，儲け話による未公開株式や金銭債権に関する被害であることがわかりました。それ以外の権利の販売については実態がよくわからないということもあって，2016年改正の段階では，特定権利への拡大にとどまったという経緯があります。

● お墓の利用権などの被害についての考え方

　近年では，地震や台風などの天災等による深刻な被害が多発するようになっています。こうした被害の直後などには，高齢者をターゲットにした訪問販売

や電話勧誘販売などにより，「お墓の利用権の販売」や「有料老人ホームの利用権の販売」などの被害が発生していました。

　これらの悪質商法では，消費者自身がその権利を使うために購入するわけではなく，「儲け話」として契約しているのが実態でした。具体的には，悪質業者は，「震災などに遭った高齢者は住むところもなく，有料老人ホームへの入居希望が殺到している。今，安く権利を購入し，必要としている人に高く売れば，確実に儲かる。老後資金の有効な利殖になる」「転売するときも面倒を見る」などと持ちかけるわけです。

　こうしたタイプの取引の実体は，資産運用のための取引であるといえます。2016年改正の際には，外形上，あるいは契約書のうえからは「権利の販売契約」に見えても，勧誘の経過や消費者の目的が資産運用である場合には，権利の販売契約ではなく，資産運用という役務取引であり，特定商取引法の規制が及ぶという整理をしました。

5 適用から除外される取引

> **Q** 　販売形態や販売方法が訪問販売に該当する場合でも，特定商取引法による訪問販売規制が及ばない場合があると聞きました。どんな場合でしょうか。

●適用除外のいろいろ

　特定商取引法では，2条1項で定める訪問販売の要件を満たしている場合であっても，訪問販売としての規制が及ばない場合があるものとして除外規定を置いています（26条1項）。

●消費者として保護する必要がない取引

　購入者にとって営利行為に該当する取引の場合は，消費者保護の必要がないため除外されています（26条1項1号）。

●国内法であること

　日本の法律は海外での取引には適用されません。そこで，海外にいる人に対する訪問販売などは規制から除外されています（26条1項2号）。

●取引相手との信頼関係がある取引

　当事者間に信頼関係があるとの理由から，下記の取引は除外されています（26条1項3号以下）。

- 　国，地方公共団体が行う販売または役務の提供
- 　特別法に基づく組合，公務員の職員団体，労働組合がそれぞれの組合員に対して行う販売または役務の提供
- 　事業者がその従業員に対して行った販売または役務の提供の場合

●思想信条の自由とのかかわりによるもの

　政治活動や宗教活動の自由が憲法上の基本的人権であるとの観点から，新聞紙については株式会社以外が発行する新聞紙の販売は適用除外とされています。

具体的には宗教団体の発行する新聞や政党の機関紙には適用されません。

●二重規制の排除

　取引を適正化するために特定の業を規制する法律にはさまざまなものがあります。このように他の法令で監督官庁が特定の業種を規制しており，その内容が消費者と訪問販売・通信販売・電話勧誘販売で取引する場合の適正化も目的としており，かつ違反があった場合には特定商取引法なみの行政監督制度を導入している法律により規制されている取引は，適用除外としています。

　その趣旨は，二重の規制は避けるためと説明されています。ただし，現実には業法によって取引の適正化のための規制の内容にはばらつきがあり，監督官庁によって行政処分の運用実績にも違いがあります。さらに，多くの業法にはクーリング・オフなどの民事ルールは導入されていません。そのため，他の業法による規制が及ぶという理由から適用除外とされた取引では，かえって消費者被害の救済が難しくなっているケースがあるという問題があります。適用除外とするうえでは，クーリング・オフなどの民事ルールについても特定商取引法と同程度の規制は導入する必要があると思われます。

　他の業法で，消費者保護の観点により訪問販売・通信販売・電話勧誘販売の規制から除外されるものとして政令等で定めている法律を参考までにあげておきます（2022年9月現在）。

　特定商取引法26条1項で除外されている規制法には，弁護士法，金融商品取引法，宅地建物取引業法，旅行業法があります。そのほか，政令で指定されている法律には以下のものがあります。

　適用除外となる取引については，各法律の条文で細かく定められています。特定商取引法の政令の規定でよく確認するようにしてください。また，政令で指定されている法律は，改正されたり新規に立法されるなど変化が激しいので，その時々で違っている可能性がありますので，注意してください。

〔特定商取引法施行令・別表第2で指定された法律〕
一　軌道法
二　無尽業法

36

三　金融機関の信託業務の兼営等に関する法律

四　農業協同組合法

五　金融商品取引法

六　公認会計士法

七　水産業協同組合法

七の二　中小企業等協同組合法

八　協同組合による金融事業に関する法律

九　海上運送法

十　放送法

十一　司法書士法

十二　土地家屋調査士法

十三　商品先物取引法

十四　行政書士法

十五　道路運送法

十六　道路運送車両法

十七　税理士法

十八　信用金庫法

十九　内航海運業法

二十　長期信用銀行法

二十一　航空法

二十二　労働金庫法

二十三　倉庫業法

二十四　国民年金法

二十五　割賦販売法に規定する包括信用購入あつせん取引と個別信用購入あ
　つせん取引

二十六　社会保険労務士法

二十七　積立式宅地建物販売業法

二十八　削除

二十九　銀行法

三十　削除

三十一　貸金業法

三十二　電気通信事業法

三十三　鉄道事業法

三十四　貨物利用運送事業法

三十五　貨物自動車運送事業法

三十六　削除

三十七　商品投資に係る事業の規制に関する法律

三十八　不動産特定共同事業法

三十九　保険業法

四十　資産の流動化に関する法律

四十一　弁理士法

四十二　金融サービスの提供に関する法律

四十三　自動車運転代行業の業務の適正化に関する法律

四十四　農林中央金庫法

四十五　裁判外紛争解決手続の利用の促進に関する法律（いわゆる ADR 法）

四十六　信託業法

四十七　株式会社商工組合中央金庫法

四十八　電子記録債権法

四十九　資金決済に関する法律

五十　消費者の財産的被害の集団的な回復のための民事の裁判手続の特例に関する法律

五十一　住宅宿泊事業法

6　クーリング・オフ制度の適用除外

> **Q**　訪問販売としての規制対象取引であってもクーリング・オフは
> できない取引があるようですが，それはどんな取引ですか。

●訪問販売ならすべてクーリング・オフできるわけではないこと

　Q5で説明したように，特定商取引法2条1項の要件を満たす訪問販売であっても，同法26条1項に該当する場合には，特定商取引法の訪問販売としては規制されません。当然に，クーリング・オフをすることもできません。たとえば，訪問勧誘により旅行業者との間で旅行契約を締結したとか，証券会社の訪問勧誘を受けて証券取引をした，訪問勧誘でタブレットの通信契約をした，等という場合には，そもそも特定商取引法における訪問販売の規制は及ばないのでクーリング・オフはできません。

　それ以外にも，同法26条2項以下では，訪問販売としての規制は受けるものの，クーリング・オフはできない取引について定めています。以下に説明しましょう。

●会社の設立のための株式の購入など

　実際の被害例があるわけではありませんが，訪問販売で，会社を設立するために出資者となって株式を引き受けないかと勧誘されて株式を引き受けたようなケースでは，クーリング・オフはできません（法26条2項）。

●キャッチセールスでクーリング・オフできない場合

　キャッチセールスで居酒屋，マッサージ，カラオケ，海上タクシーの契約を締結し，ただちに役務の提供を受けた場合には，クーリング・オフはできません。申込書面や契約書面を交付する義務もありません（法26条3項）。

●クーリング・オフはできない訪問販売（法26条4項・5項関係）

　(1)　乗用自動車の販売契約や自動車リース

　(2)　葬儀契約，電気事業法やガス事業法・熱供給法に基づく供給契約

　　ここで対象になる葬儀契約とは，死亡した人の葬儀契約のこと。生前葬
儀契約は適用除外の対象ではない。

　　また，自由化に伴う電気やガスの民間事業者との契約は除外されない。

(3)　3,000円未満の現金取引

　　ここでいう現金取引とは，契約を締結したその場で双方の履行が完了す
るタイプの取引を指す。

●第4条から第10条までの規定の適用がない取引

(1)　その住居において売買契約若しくは役務提供契約の申込みをし又は売買
　　契約若しくは役務提供契約を締結することを請求した者に対して行う訪問
　　販売

　　　これはいわゆる請求訪問販売のことです。

(2)　いわゆる常連取引や御用聞きによる取引

●政令指定消耗品を使用してしまった場合（法26条5項1号）

　政令で消耗品として指定された商品をクーリング・オフ期間内に使用した場
合には，下記の要件を満たしているとクーリング・オフをすることができなく
なります。この場合の商品の単位は，「通常その種の商品が販売されている小
売り最小単位」によります。

(1)　特定商取引法4条又は5条を順守した申込書面又は契約書面を受け取っ
　　ていること。

(2)　消費者自身の判断で使用していること。

(3)　政令で消耗品として指定された商品であること。

●政令指定消耗品とは

　下記の8種類の商品です（施行令別表第三）。

一　動物及び植物の加工品（一般の飲食の用に供されないものに限る。）で
　あつて，人が摂取するもの（医薬品（医薬品，医療機器等の品質，有効性
　及び安全性の確保等に関する法律第2条第1項の医薬品をいう。以下同

じ。）を除く。）

　＊これはいわゆる「健康食品」のことです。

二　不織布及び幅が13センチメートル以上の織物

三　コンドーム及び生理用品

四　防虫剤，殺虫剤，防臭剤及び脱臭剤（医薬品を除く。）

五　化粧品，毛髪用剤及び石けん（医薬品を除く。），浴用剤，合成洗剤，洗浄剤，つや出し剤，ワックス，靴クリーム並びに歯ブラシ

六　履物

七　壁紙

八　医薬品，医療機器等の品質，有効性及び安全性の確保等に関する法律第31条に規定する配置販売業者が配置した医薬品（薬事法の一部を改正する法律附則第10条に規定する既存配置販売業者が配置したものを含む。）

7　クーリング・オフ期間の起算日と期間

> **Q**　訪問販売で，うっかり呉服を購入してしまいました。あとで，こんな高額なものは必要なかったと反省しました。クーリング・オフをしたいのですが，クーリング・オフができるのは，いつまでですか。

●クーリング・オフ制度とは

クーリング・オフとは，文字どおり「頭を冷やして考えなおす期間を確保する」という意味です。訪問販売は，消費者にとって不意打ち性の高い販売方法です。そのため，十分考える余裕もなく，知識も業者からの一方的な説明だけで，相手のペースに巻き込まれて契約してしまいがちです。

また，消費者の自宅などの密室での勧誘の場合には，説明を受ける消費者と販売担当者しかいないことが普通で，事実と違う説明や強引な押し込み販売などが起こりがちです。反面，どのような勧誘行為が行われたかを証明しようとしても，水掛け論になってしまう危険があります。

●クーリング・オフ期間の起算日

そこで，特定商取引法では，クーリング・オフ制度を設け，訪問販売の場合には，申込書面または契約書面など契約の内容を記載して明らかにした書面の交付が消費者に対してなされた日を1日目として8日目までクーリング・オフ可能としています。

この場合の「書面が交付されてから」という趣旨は，交付された書面の内容を見て，消費者が自分が申込みをした契約がどういう内容のものなのかを確認することができるときから，クーリング・オフができる期間を計算するという趣旨です。

クーリング・オフ期間は，通常の期間計算とは違って，「書面が消費者に渡された当日」を1日目として計算すると定められています（初日算入）。

つまり，月曜日に契約して契約書面をもらった場合には，次の週の月曜日までクーリング・オフできるということです。

なお，契約書面などの記載事項についてはこの章のQ12を参考にしてください。

8　クーリング・オフは書面で

> **Q**　訪問販売で，クーリング・オフすることを業者に電話で伝えました。ところが，後日「書面によるものではないので認められない」と拒否してきました。

● クーリング・オフは書面で

　クーリング・オフは，「書面で行う」と法律で定められていました。書面とは，具体的にはハガキなどの郵便を意味します。つまり，手紙で通知を出すことと定めていたわけです。

　これは，クーリング・オフをしたかどうかをめぐって水掛け論となることを防ぎ，事実関係を明確にしておくためと説明されています。

　クーリング・オフをした事実を明確にしておくためには，配達証明付き内容証明郵便が一番確実です。簡単な方法としては，ハガキのコピーをとり，簡易書留で出すやり方もあります。消費者が自分で行う場合は後者がやりやすいでしょう。ハガキのコピーや簡易書留の伝票の控えなどは契約書類とともに大切に保管しておきます。

● 発信主義

　通知は，クーリング・オフ期間内に発信すればよいとされています（発信主義）。通知が相手に届くのは8日経過後になってもかまいません。そのため，何日の消印で出しているかが大切になるわけです。

　今日が8日目という場合でも，本局では，夜中の12時まで取り扱っています。あきらめないで手続をするようにしましょう。

● 口頭でのクーリング・オフの効果

　法律では，クーリング・オフは書面で行うものと定めています。そのため，ケースのように口頭でクーリング・オフをした場合には，クーリング・オフとして有効かどうかということが問題となっていました。

　裁判所は，「書面で行うことを要求しているのは，クーリング・オフが行わ

れたことを明確にしようとする趣旨である」ということから，「口頭であって
もクーリング・オフがされた事実が書面で行ったときと同等に客観的に明白で
あれば，有効である」と判断し，現在ではこの考え方が定着しています。

●書面でするのが安全確実

　ただ，口頭でクーリング・オフをした場合には，相手の事業者から「連絡は
受けていない」「聞いていない」と主張されて水掛け論になりがちです。その
場合には消費者に不利です。

　きちんと書面を送り，控えを保管しておけば簡単に証明できるのですから，
クーリング・オフを行う場合には，面倒がらずに書面で行うようにすべきです。

●クーリング・オフの通知の書き方

　クーリング・オフの通知は，事務的な通知です。必要な事項を簡潔に記載す
れば十分です。様式には特に決まりはありません（ただし，内容証明郵便の場
合には，1ページにつき，1行20字，13行で作成するという決まりがあります）。

　書面には，契約日または契約の申込日，販売担当者氏名，購入した商品やサ
ービスの内容，価格など，契約を特定するために必要な事項を記載します。当
然ですが，この契約をクーリング・オフをするという趣旨の記載をします。一
般的な書き方としては「本件契約を解除いたします」と書けばよいでしょう。

　支払いをしている場合には，支払い済みの代金をすみやかに返還してほしい
ことを書きます。商品を受け取っている場合には，すみやかに引き取るように
要求する旨も記載するようにします。

　さらに，通知を出す年月日を書き，通知をする消費者の住所，氏名を記載し
ます。

●2021年改正

　2021年改正で，2022年6月1日以降に結んだ契約については，電子メールや
FAXでもクーリング・オフできることになりました。

　しかし，発信日を証明できる形で通知する，という点からは，ハガキなどの
郵便で出す方法が安全と思われます。

9 クーリング・オフの効果——清算方法

> **Q** 訪問販売でクーリング・オフをしました。商品の引渡しを受けた後だったので，事業者から「キャンセル料がかかる」と言われました。そういうものですか。

●クーリング・オフの清算ルール

クーリング・オフをする旨の通知を期間内に相手の事業者宛てに発信すれば，発信した時点で契約は最初に遡ってなかったものとなります。

事業者は，クーリング・オフされた契約に関して一切の金銭の請求をすることはできません。解約手数料などの請求ができないことは当然ですが，どのような名目のものであっても，一切の金銭請求をすることができないものと定められています。

クーリング・オフ期間内に商品の引渡しを受けて使用した場合でも，使用料や損料などの名目の金銭も請求することは認められません。

また，その契約に関して消費者から支払われた金銭は，すべてすみやかに返金しなければならないものと定められています。

したがって，この事例の場合には，事業者からの金銭請求には応じる必要はなく，金銭の支払いをする必要はありません。事業者の請求は，法律上認められない不当な請求であると言えます。

●受け取った商品の返還

契約は最初に遡ってなかったことになるのですから，引き渡された商品があれば，これは事業者に返さなければなりません。

使用済みのものであっても，そのまま返還すればよいことになっています。

クーリング・オフ制度は，法律で事業者に対して義務付けられた当然の制度です。クーリング・オフ期間内に商品の引渡しをすれば，使用してからクーリング・オフが行われることがありうることは十分予想できます。クーリング・オフ期間に商品の引渡しをする以上は，事業者は，当然こうしたことを承知しているものと考えられます。

　ただし，法律上「消耗品」として指定された一部の商品については別の扱い
となっていますので，注意してください。これについては，「健康食品の訪問
販売」（Q 13）を参考にしてください。

●商品を返還するための費用
　商品を事業者に返還するための費用は，事業者が負担することになっていま
す。消費者は，クーリング・オフの通知をするときに，「引渡し済みの商品を
すみやかに引き取ってください」ということも，あわせて求めておくとよいで
しょう。着払いで返す方法も考えられます。
　なお，クーリング・オフをしたら，商品を使うのはやめて，いつでも返せる
ように保管しておきましょう。

10 屋根工事のクーリング・オフ──工事代金の請求はできるか

> **Q** 訪問勧誘で「屋根を見たら危険な状態になっている。地震がきたら危険だ。近所の工事中なので，ついでに安くできる」と言われました。びっくりして依頼したら，数日で工事は終わりました。その後，費用が高過ぎるし工事は必要なかったことを知りました。
>
> クーリング・オフしたところ，事業者から「工事は済んでいるのだから，工事代金を支払うのは当然だ。支払わないなら屋根をひきはがしに行ってやる」と言われました。工事代金は支払わなければならないのでしょうか。

●工事代金も払わないでよい

　典型的な自宅訪問販売なので，クーリング・オフができます。問題は，工事がクーリング・オフ期間内に終了しているときには，工事代金をどうすればよいのかということです。

　この点については，法律では，サービスの提供がされていたとしても事業者は一切の金銭請求をすることはできないものと定めています。したがって，事業者は，工事をしていた場合であっても，クーリング・オフをされた場合には，工事費用なども一切請求することはできません。

　これは，クーリング・オフ制度が，不意打ち的な訪問販売による契約の場合には，消費者に熟慮する期間を与えなければならないとして事業者に義務付けられた制度であるためです。期間内に工事をすることによって，熟慮期間を消費者から奪うことは許されません。クーリング・オフ期間内に工事などのサービスの提供をする事業者は，クーリング・オフされれば損をすることになる，ということを覚悟しているものとみなされます。

　シロアリ駆除などでも，契約当日に駆除サービスを済ませてしまって，クーリング・オフを拒絶するケースが見受けられます。こうした行為は法律上は認められません。しかし，事業者に「工事は完了しているからクーリング・オフはできない」と言われると，素人は「仕方がないか」とあきらめてしまいがちです。こうした商法は，消費者の知識不足や弱みにつけこんで，本来の権利であるクーリング・オフをさせない悪質商法で，クーリング・オフ妨害に当たる

と言うべきです。したがって，8日を過ぎていてもクーリング・オフができることになります。

●はがすのは犯罪

このようなクーリング・オフ制度の趣旨からして，「代金を支払わなければ工事をした屋根をひきはがす」ということも，許されません。原則的には，行われた工事はクーリング・オフをした場合でもそのままです。

事業者の判断で，一方的にはがしたりする行為に出た場合には，「建造物等損壊罪」か「器物損壊罪」などの犯罪になります。警察に届出をしましょう。

●原状回復を求める権利

また，土地や建物，その他の工作物の現状に変更を加えるサービスの場合には，消費者のほうに，「原状回復を請求する権利」があります。つまり，工事をする前の状態に戻してほしいと消費者は要求できるというわけです。

消費者が原状回復を求めた場合には，事業者は，無償で，つまり事業者側の費用負担で，工事をする前の状態（原状）に戻さなければならないことになっています。この原状回復請求権は，消費者の権利です。原状回復するかどうかは，消費者が自由に選択することができます。

11 キャンセルしないとの念書を取られた——点検商法

> **Q** 自宅に「シロアリの無料点検をします」と訪問してきた事業者に点検してもらったところ，「シロアリがわいているから早く駆除しないと家がダメになります」と言われて，契約をしました。1日も早く駆除すべきだと言われて，当日，駆除してもらいました。その際，「特に本日お願いして駆除してもらうものであり，契約解除はいたしません」という念書に署名捺印を求められて提出しました。
> 夜になって帰宅した家族に話したところ，見ず知らずの事業者に依頼したのは軽率だったと言われました。駆除は終わっているし，念書も入れているので，キャンセルは無理でしょうか。

●ケースの2つの特徴

典型的な自宅訪問販売です。このケースでは，特に問題となる点が2点あります。

第1点は，「契約の解除はしません」という念書を書かされているという点です。第2点は，契約当日に，駆除サービスの作業は済んでしまっている点です。

●クーリング・オフしないという特約

「契約解除はいたしません」という念書は有効でしょうか。

特定商取引法では，クーリング・オフに関する当事者間の特約で，「法律の趣旨よりも消費者にとって不利なものは無効」と定めています。消費者にとって法律の内容よりも有利な特約であれば有効なのですが，不利なものは，消費者保護の精神に反することから，無効としたものです。

たとえば，「クーリング・オフはできません」などと契約書に記載してある場合や，クーリング・オフ期間が8日よりも短くなっているなどが，法律よりも不利な特約の典型例です。このような場合でも，消費者には，クーリング・オフの権利があります。

「契約解除はしません」という一筆を消費者からとっているのは，消費者に

とって特定商取引法に定める内容よりも不利な特約をしたケースに該当します。したがって，この特約は無効であり，クーリング・オフは可能です。

● サービスの提供がされている場合

　クーリング・オフ制度の趣旨は，訪問販売による不意打ち的な販売方法をとる事業者は，消費者に対して，8日間の熟慮期間を確保すべき義務があるということです。そのため，事業者が契約の内容の履行をした場合でも，クーリング・オフできるとしています。これは，事業者がクーリング・オフ期間内にサービスの提供などの契約上の履行をした場合にはクーリング・オフができなくなるとすると，強引に急がせる事業者と契約した消費者には，熟慮期間が確保されないこととなり，結局，消費者保護の考え方が維持できないからです。

　クーリング・オフ期間内にサービスの提供をする事業者は，その後にクーリング・オフされた場合の損失などの危険は自分で引き受ける覚悟で行ったものとして扱うことになります。

● クーリング・オフの効果

　消費者がクーリング・オフをすれば，契約は最初に遡ってなかったものとされます。事業者は，消費者に対して，いかなる名目にしろ，一切の金銭の請求をすることは認められません。消費者から，その契約に関して受け取った金銭があれば，全額をすみやかに返還しなければなりません。

　したがって，このケースの場合には，クーリング・オフをすることが可能です。一切の支払いをする必要はありません。

　クーリング・オフ期間内にサービスの提供を行う以上は，事業者から見た場合，クーリング・オフがされる可能性があるわけで，そのリスクを承知で工事をしたものである，という考え方をとっているわけです。

12 訪問販売の契約書面・申込書面の記載事項

> **Q** 訪問販売では，申込書や契約書にはどのような事項を記載する
> よう義務付けられているのですか。

●書面交付制度の意味

　訪問販売について申込書と契約書を交付するよう事業者に義務付けたのは，
消費者に対する契約内容の開示を客観的に明確に行わせるためです。

　法律で記載すべきことと定められているのは，具体的な契約を特定するため
に必要な事項であるとともに，消費者が，その契約が納得できるものだったか
を検討するうえで必要な事項です。

●記載すべき事項とは

　申込書や契約書に記載すべき事項は，下記の項目です。

① 販売価格（役務の対価）

② 代金（対価）の支払時期，方法

③ 商品の引渡時期（権利の移転時期，役務の提供時期）

④ クーリング・オフ制度に関する事項

⑤ 事業者の氏名（名称），住所，電話番号，法人ならば代表者の氏名

⑥ 契約の締結を担当した者の氏名

⑦ 契約の締結の年月日（申込書の場合には，申込年月日）

⑧ 商品や役務の種類

⑨ 商品名

⑩ 商品の商標または製造業者名（権利・役務の内容）

⑪ 商品の型式または種類（権利，役務の種類）

⑫ 商品の数量（権利・役務の量）

⑬ 引き渡された商品などに契約不適合があった場合の販売業者の責任につ
　いての定めがあるときには，その内容

⑭ 契約の解除に関する定めがあるときには，その内容

⑮ そのほか特約があるときには，その内容

　以上のほかに「書面をよく読むべきこと」を，赤枠の中に赤字で記載すべきこと，クーリング・オフについても赤枠の中に赤字で記載すべきこと，文字の大きさは8ポイント（官報の字の大きさ）以上であることなどが必要です。

● **書面はいつ渡すのか**

　申込書は申込みを受け付けたら「直ちに」，契約書は契約を締結したら「遅滞なく」交付する義務があります。

　「直ちに」とは，訪問販売では，販売員と消費者とは直接対面しているわけですから，その場で交付する義務があるというわけです。

　特定商取引法での「書面交付義務」の違反については，業務停止などの行政処分の対象としているだけでなく，6か月以下の懲役または100万円以下の罰金の定めがあります。

● **書面交付とクーリング・オフ**

　クーリング・オフ期間は，上記の事項がすべて正確にわかりやすく記載された書面が，消費者に渡された日を1日目と計算します。

　上記のいずれかが記載されていない場合や，不正確な記載や法律の規制を守らない記載状況の場合には，書面が不備ということなので，その書面を受け取ってから8日を過ぎていてもクーリング・オフができる可能性があります。書面の交付とクーリング・オフ制度は連動する仕組みです。

　消費者は，訪問販売で契約した場合には，受け取った書面で内容をよく確認すれば，被害を防ぐことができます。契約書で確認したところ，たとえば，記載内容が説明と違っていたとき，契約書の記載内容があいまいなとき，記載内容を手がかりによく調べてみたら不必要だったとき，などという場合には，クーリング・オフをすればよいわけです。

● **2021年改正**

　2021年改正で，交付すべき書面は，消費者からの承諾があれば電磁的方法で行うことができるようになりました。これは，政府の推進するデジタル化の一環です。改正法の施行は2023年からです（2022年12月段階で施行日は未定）。

13 健康食品の訪問販売——消耗品とクーリング・オフ

> **Q** 訪問販売で健康食品を購入したとき,「服用方法をお教えしま
> すから」と言われて,指示されるままに開封して一部を服用しま
> した。よく考えたら,20万円もする高額なものなので,早計だったと反省
> しました。
>
> 受け取った契約書を見たら,「健康食品や化粧品の場合には,使用した
> ときはクーリング・オフできません」と記載されていました。私の場合も
> クーリング・オフはできませんか。

● 政令で消耗品として指定された商品の場合

特定商取引法では,使用するとクーリング・オフができなくなる商品を,特に政令で指定しています。これを一般に「指定消耗品」などと言っています。

消耗品と指定されているのは健康食品,不織布・織物,コンドーム・生理用品,防虫剤・殺虫剤・防臭剤・脱臭剤,化粧品・毛髪用品・せっけん,履物,壁紙,配置薬です。トラブルが多いのは,化粧品と健康食品です(Q6参照)。

これらの商品を消費者が使用してしまった場合には,下記の条件をすべて満たしているとクーリング・オフ期間内であってもクーリング・オフできなくなります。

① 交付された書面にQ12の必要事項が法律の定めに従って記載されていること。特に,「本件契約で購入した商品を使用するとクーリング・オフできなくなります」(健康食品,化粧品は使用するとクーリング・オフ期間内でもクーリング・オフをすることができなくなります,などのように具体的な商品を説明して記述してある場合もある)という記載があることが必要です。この記載がない場合には,政令指定の消耗品を使用してしまった場合にも,すべてクーリング・オフができます。

② 消費者が,購入後自分の判断で使用していることです。

● クーリング・オフできない範囲

密封してあるものを開封して使用した場合には,使用した商品についてクー

リング・オフができなくなります。クーリング・オフできない範囲は，同種商品が通常小売りされている最小小売り単位で判断します。

　その事業者がどのような単位で販売しているかを基準にするわけではない，という点に注意してください。

　訪問販売業者は，多くの場合セット商品として多数量のものや多種類のものを一括販売しています。1個ごとのバラ売りはしていないと主張することが少なくありません。

　しかし，この法律では，同種商品の通常の小売り単位で考えることになっているので，化粧品や健康食品が通常市販されている単位で考えなければならないことになります。

　ケースでは，1箱だけ開封して飲んだというのですから，自分から開封して使用したときでも，開封した1箱だけを買い取ればよいのです。残りの手をつけていないものはクーリング・オフできます。

●試用販売の場合

　悪質な業者の中には，クーリング・オフをさせないために，「使用感を見るために」「使用法の説明のため」などと言って商品を開封使用させる場合があります。

　しかし，こうした場合には，消費者自身の判断で自分のものとして使用した場合には当たりません。一種の「試用販売」に当たるものと考えられます。

　「試用販売」の場合には，使用していてもすべてについてクーリング・オフをすることができます。

●クーリング・オフ妨害

　本来はクーリング・オフできるのに，「この場合はクーリング・オフできない」と嘘をついてクーリング・オフを拒否した場合にはクーリング・オフ妨害に当たります。クーリング・オフ妨害については，Q14を参照してください。

54

14 クーリング・オフを妨害されたとき──鍋商法

> **Q** 知人の自宅でホームパーティーがあり，そこで勧められて24万円の鍋セットを購入しました。参加している知人たちも購入したので見栄もあり断りきれませんでした。
>
> 数日後に後悔してクーリング・オフしようとしたら，「使った鍋は売り物にならない」とクーリング・オフを拒否されました。
>
> 確かに使用した商品は売り物にはならないと思います。しょうがないのでしょうか。

●ホームパーティー商法は訪問販売

消費者の自宅に多くの消費者を集めて商品などの販売を行う販売方法を一般に「ホームパーティー商法」といっています。消費者の自宅は営業所等ではないので，訪問販売に該当します。

●クーリング・オフ妨害と期間延長

訪問販売の場合には，法定書面の交付の日から8日間のクーリング・オフ制度があります。政令で消耗品として指定された商品以外は，消費者が使用していたとしてもクーリング・オフができます。鍋は消耗品として政令指定されていないので（Q6，Q13参照），使用していてもクーリング・オフができます。このケースでは，クーリング・オフを妨げるために事実と異なることを告げています。

このようにクーリング・オフを妨げるために事実と異なることを告げたり，威迫して困惑させたために消費者がクーリング・オフできなかった場合には，クーリング・オフ期間は延長されます。8日を経過してもクーリング・オフができます。妨害行為があった場合のクーリング・オフ期間は，事業者が改めて「この契約（契約内容，担当者の記載が必要）は，当社がクーリング・オフを妨害したので，この書面を受け取った日から8日間はクーリング・オフができる」旨を記載した書面（再交付書面といいます）を交付した日から8日を経過するまで延びます。再交付書面の交付がない場合にはいつまでもクーリング・

オフができることになっています。

● クーリング・オフ妨害行為のいろいろ

　クーリング・オフを妨害する行為にはさまざまなものがあります。消費者の情報不足につけこんだり交渉力格差につけこんだ卑劣な違法行為です。具体例としては，次のようなものがあります。

〈例1〉　鍋，布団，呉服，教材などのように，政令指定消耗品ではないのに，使用させたうえで「使ったものは売り物にならない」といって拒絶する。

　　　　布団，鍋などでは，それまで消費者が使っていたものを「無料で下取りしてあげましょう」などといって持って行ってしまうケースもあります。これは購入したものを消費者に使わせるための手口です。消費者は，毎日の生活に必要なものなので，購入したものを使用せざるを得ません。そこにつけこんで使用させ，使ったものは売り物にならないなどと言ってクーリング・オフを妨害します。無料の下取りは親切心だけではない場合があるわけです。

〈例2〉　リフォーム工事，シロアリ駆除などの役務提供契約で，クーリング・オフ期間内にさっさと作業をしてしまい，役務は終了済みだからキャンセルできない，などと主張する。契約してすぐに工事などを済ませてしまう訪問販売業者は，親切心からというよりも，クーリング・オフを妨げるためであることが少なくありません。親切どころかむしろ悪質業者である場合があるのです。

〈例3〉　会員権や継続的サービス契約で何回か利用させ，利用してしまっているのでクーリング・オフはできない，利用した代金と解約料は支払う必要がある，と述べてクーリング・オフを妨げる。

15　キャッチセールス──特定顧客

> **Q**　駅ビルで「アンケートに協力してください」と声をかけられ，駅ビルの中の宝石店に連れていかれました。
>
> 　店の中で，販売員数人に取り囲まれて宝石の購入の勧誘をされました。宝石を購入するつもりなどは全くなかったのですが，結局，根負けしてダイヤのネックレスを購入してしまいました。
>
> 　このように駅ビルのテナントの店で契約した場合には，クーリング・オフはできませんか。

●キャッチセールスは訪問販売

　特定商取引法では「店舗以外の場所で声をかけて店舗まで同行した客」に対して販売するものも，訪問販売に該当すると定めています（Q3参照）。

　このケースは，典型例です。こういう手口のものを一般的にキャッチセールスと呼んでいます。

　たとえ，契約をした場所が店舗であっても，消費者は自分からその店舗に買物に出向いているわけではありません。店舗から離れた場所で声をかけられて店まで同行させられているわけですから，契約の勧誘をされたら消費者にとっては不意打ち的です。

　そこで，こうした販売方法をとるものの場合には，契約をした場所にかかわらず訪問販売として規制の対象としたものです。

●公衆の出入りする場所以外の場所での勧誘は禁止

　キャッチセールスで，勧誘目的であることを告げないで勧誘場所に同行する行為は「勧誘に先立って，勧誘目的であることを告げる」ルールに反するもので，行政処分の対象となります。

　同じ方法で，通常の店舗ではない事務所，カラオケボックス，応接室，貸会議室などの閉鎖的な場所に連れて行って勧誘する行為は3年以下の懲役刑の対象になります。

16 アポイントメントセールス──特定顧客

> **Q** 電話で「キャンペーン期間中で，あなたが特別に選ばれた。VIP向けレジャークラブなのであなたは運がいい」と呼び出されました。
>
> 事務所に行くと何人かに囲まれて数時間にわたって「すばらしいレジャークラブだ」「旅行にも安くいける」などと勧誘され契約してしまいました。入会すると絵画をプレゼントすると言われました。もらった契約書を見ると，商品名の部分には番号が記載されていて，数量は1個となっています。勧誘のときの説明からすると会員権の番号かなと思います。
>
> やめたいと思いますが自分から出向いて契約しているので，クーリング・オフはできないのでしょうか。

●何の契約か

このケースでは，消費者は，すっかりレジャークラブに入会したと思い込んでいます。しかし，実はこの契約書の商品名の部分に記載されている番号は，事業者が販売した絵画の商品番号でした。この事業者は，絵画の訪問販売業者だったわけです。

しかし，絵画を買ってほしいと電話で呼び出しても断られてしまうために，レジャークラブ会員に選ばれたなどと説明をして事務所まで出向くようにさせていたわけです。

●目的を偽って呼び出す場合

特定商取引法では「目的を偽って呼び出した消費者を勧誘して契約させた場合にも，訪問販売に該当する」と定めています（Q3参照）。

似たようなものに，「抽選で賞品が当たったから取りに来るように」とか，「新製品のゲームソフトを無料プレゼントする」などと言って呼び出し，絵画，宝石，カルチャー教材セットなどの契約の勧誘をするものがあります。主として20歳前後の若者を対象とする手口です。

●禁止行為に当たる

　呼び出すときに勧誘目的であることを告げない行為は禁止されており，行政処分の対象となります。

　勧誘目的であることを隠して呼び出したうえ閉鎖的な場所で勧誘するという条件が加われば３年以下の懲役刑の対象になります。

●特別有利だと言って呼び出す場合

　電話などで呼び出すときに「今なら格安，特別価格で」「あなただけ特別」などと特別に有利だと言って事務所などに呼び出して勧誘する商法があります。

　このように「特別に有利だ」と言って呼び出した消費者に対して勧誘をする場合も，訪問販売として規制されます。

　この場合には「有利である」ことが嘘か本当かによる違いはありません。

●SNSで呼び出された場合

　本件事例では，事業者は消費者に電話をかけて呼び出しています。しかし，最近では，通信手段としてSNSが用いられることが多くなっています。技術革新やライフスタイルの変化によって，スマートフォンの利用が日常化しているためです。

　では，もしSNSで目的を隠して呼び出された場合には，特定顧客取引としての訪問販売に該当するでしょうか。

　特定顧客の誘引方法について定めた現行法の政令では，呼び出す方法として「電話，郵便，民間事業者による信書の送達に関する法律第２条第６項に規定する一般信書便事業者若しくは同条第９項に規定する特定信書便事業者による同条第２項に規定する信書便（以下「信書便」という。），電報，ファクシミリ装置を用いて送信する方法若しくは法第４条２項に規定する電磁的方法（以下「電磁的方法」という。）により，若しくはビラ若しくはパンフレットを配布し若しくは拡声器で住居の外から呼び掛けることにより，又は住居を訪問して…」と定めています。

　電磁的方法とは，電子メールやショートメッセージサービス，SNSを指しますので，上記の場合も訪問販売に該当します。

17　スカウトと思ったら…

> **Q**　繁華街を歩いていたら，スカウト風の男性から「モデルにならないか」と声をかけられました。モデルの仕事に興味があったので，近くの事務所までついていき，話を聞きました。
>
> 　事務所でマネジメントをしてもらう手続などついては次回に話そうということで，次の約束をして帰りました。数回打ち合わせを重ね，その都度，次のミーティングの約束をしました。
>
> 　数回目に，打ち合わせのために事務所に出向いたところ，「オーディションで仕事を取るためには努力が必要」といわれて，きれいになるため化粧品の契約をしました。あまりに高額で，収入は少ないので支払いきれず，キャンセルしたいと思いますが…。

●はじめに

　最近，街頭でモデル・タレント・アイドルなどのスカウトだと声をかけ，芸能事務所に同行させ，マネジメントの登録をさせたうえで（仕事の提供などはしてくれない。無料でマネジメントをし，オーディションなどで仕事があった場合には，収入の一定割合を事務所に入れる仕組みのことが多い），事務所で次回の打ち合わせのための約束をさせます。約束に基づいて出向いた消費者に，化粧品などの高額契約をさせるという手法の被害が増えています。

　商品などを販売する目的であることを隠して街頭で声をかけ，事務所に同行させて契約の勧誘をして契約させる行為は，特定顧客取引に該当します。ところが，最近のケースの特徴は，同行させたその日には商品などを販売しないことが少なくないということです。化粧品などの契約をした日に，消費者が業者の事務所に出向いたのは，前回の事務所での打ち合わせの際に次回の打ち合わせの約束をしたことによります。

　消費者は，仕事の打ち合わせだと思って出向いているわけですから，商品の販売の勧誘をする行為は，消費者にとって不意打ち的であることは間違いありません。

●特定顧客取引についての確認

　特定商取引法では，特定顧客について定義規定を設けています。定義を見ると，「営業所等以外の場所において呼び止めて営業所等に同行させた者」「政令で定める方法により誘引された者」として政令では『電話，郵便，信書便，電報，ファクシミリ装置を用いて送信する方法若しくは「電磁的方法」により，若しくはビラ若しくはパンフレットを配布し若しくは拡声器で住居の外から呼び掛けることにより，又は住居を訪問して，当該売買契約又は役務提供契約の締結について勧誘をするためのものであることを告げずに営業所その他特定の場所への来訪を要請すること。』と定めています。

　つまり，街頭で呼び止めて同行させた消費者，あるいは電話等の手段で契約の締結について勧誘をするためのものであることを告げずに営業所その他特定の場所への来訪を要請され，要請に基づいて来訪した消費者が特定顧客ということになります。特定顧客との契約は訪問販売として規制されます。

●何が問題か

　事例の問題は，第1に，街頭で声をかけて消費者を事務所に同行させた日には契約の勧誘も締結もしていないことです。第2には，消費者が契約の勧誘をされて化粧品を購入した日に事務所に行ったのは，前回に事務所で次の訪問の約束をしたことによる，ということです。

　訪問の約束は，「化粧品の契約の勧誘をするためのものである」ことを告げていないので，特定顧客取引に該当する可能性はありえます。ところが，政令の特定顧客の誘引方法の手段として，「業者の事務所で目的を隠して次の来訪の約束をさせた者」は指定されていません。「拡声器で住居の外から呼び掛ける」とか「住居を訪問して」という定めはあるものの，「目的を隠して事務所に同行したうえで，目的を隠した状態のままで次の来訪約束をさせた」場合は指定していません。

　このような場合に，特定顧客取引に該当するかという点が問題となります。

●考え方

　特定顧客取引の趣旨は，取引の場所が業者の営業所等で行われた場合であっ

ても，消費者にとって不意打ち的な取引であった場合には訪問販売として規制する，というものです。そこで，最初のきっかけが目的を隠したまま事務所に同行させたり，呼び出すという特定顧客取引の定義に該当しており，目的が隠されたままの状態が持続している中で契約の勧誘が行われている場合には，特定顧客取引として規制されると考えられます。

18 催眠商法（SF 商法）

> **Q** 街頭でくじ引きをしたら，「今日○時から，会場に来るといろいろなものがもらえる」と教えてくれました。
>
> 行ってみたら，同年代の女性でいっぱいでした。開始時間になると，話術の巧みな男性が面白おかしい話をして座を盛りあげ，早く手をあげた人にいろいろな商品を無料でくれます。夢中で聞いているうちに，最後に「一番の目玉」と言われ気がついたら30万円の羽毛布団の申込書にサインしていました。
>
> 自分から出向いていった会場なので，解約はできませんか。

● よく似た手口

よく似たものに，次のような例もあります。

① 「日用品などの安売りの特設会場」というチラシや拡声器などでの呼びかけで会場に出向いたら，高額な羽毛布団などを買わされた。

② 健康によい食生活の無料講習会と言われて会場に出向いたところ，健康食品や磁気マットレスなど，高額な商品を買わされた。

③ 近所にコンビニをオープンすることになり説明会を行う，無料プレゼントを用意していると言われて出向いたら，高額な健康器具を買わされた。

● 典型的な催眠商法

これらを一般的に「催眠商法」とか，「SF 商法」と言っています。

催眠商法というのは，本当は羽毛布団などの高額商品を販売する目的なのですが，これを隠して別の名目で人を集め参加者を興奮状態にして商品を売りつける販売方法を用いることから，このように言われます。

「SF 商法」とは，催眠商法を最初に始めた事業者「新製品普及会」の頭文字をとったものです。会場もさまざまです。

その後，人の集め方にいろいろなものが出てきました。ただし，本当に販売したい目的のものを隠して集客をする点では共通しています。

●訪問販売の一種

　このように「目的を偽って呼び出す」ものは，特定商取引法で定義をする特定顧客との取引に該当することから，特定商取引法で定める「訪問販売」に該当します。

　事業者によっては，「ここは商品を販売する店舗だから，訪問販売ではない」と主張する場合があります。しかし，「目的を偽って呼び出した」場合には，仮に店舗で契約させた場合でも，訪問販売として規制されます。

●営業所に該当するか？

　また，このような会場では，消費者は自由に商品などを選択することができない状況であることが普通です。したがって，「営業所等」に該当しないことが多く，その場合は営業所等以外の場所での取引ということになります（Q2参照）。こうしたケースは典型的な訪問販売です。

●クーリング・オフできる

　以上のように，このケースの場合にはクーリング・オフができます。

19　展示会商法

> **Q**　繁華街で「絵画の展示会をしているので見ていきませんか」と声をかけられました。20〜30分程度時間の余裕があったので「見るだけなら」と展示会場に同行しました。
>
> 　ところが，会場では「どの絵が好きか」と聞かれ，その後その絵の購入をするよう勧誘されました。時間つぶしのつもりだったのに，契約しないと帰してもらえない雰囲気で断りきれず契約するはめになりました。
>
> 　契約の解除通知を出したら，「展示会場は店舗に該当するのでクーリング・オフはできない」と拒否されました。

●展示会場での取引は

　特定商取引法では，店舗などの営業所等以外の場所での取引を「訪問販売」と定めています。

　「店舗に類する場所」には①一定の期間にわたって，②商品を陳列し，消費者が自由に商品を選択できる状況のもとで，③展示場等販売のための固定的施設を備えている場所で販売を行うもの，も含まれます（Q2参照）。

　したがって，一時的な展示販売会場でも①〜③のすべてを満たしていれば営業所等での取引ということになります。

　展示会商法の中には②の要件を満たしていないケースがあります。契約しないと預けた荷物を返してくれなかったり，ある1つの商品を買うまでしつこい勧誘が続くというケースなどです。その場合は②の要件が欠けているので，訪問販売に当たりクーリング・オフができます。このケースは②の要件が欠けている可能性があります。

●キャッチセールスに該当すれば

　契約を締結した場所が店舗や事務所であっても，街頭で呼び止められて同行した場合には，キャッチセールスに該当します。このケースは，街頭で声をかけられて展示会場まで連れて行かれたのですから，キャッチセールスに当たります。キャッチセールスであれば特定顧客取引に該当するので取引した場所が

店舗かどうかにかかわらず訪問販売に当たります。

●目的を偽った場合

　展示販売会場であることを隠して，「無料展示会を見ないか」と誘った場合
は，「契約の勧誘目的を隠して店舗などに同行させた」場合に該当します。

　そうすると「勧誘に先立って，契約の勧誘目的であることを告げなければな
らない」というルールに違反しています。さらに，展示会場が不特定多数の公
衆が自由に出入りしている場ではないときには，３年以下の懲役刑の対象にな
ります。セールスが連れ込む人しか入っていない会場である場合などがこれに
当たります。

●クーリング・オフできる

　したがって，このケースではクーリング・オフができます。

　クーリング・オフはできないという事業者の対応は，不当なクーリング・オ
フ妨害行為に当たります（Q14参照）。

20 契約書をもらっていないとき

> **Q** 無料点検に来た事業者から工事が必要と言われ，リフォーム工事を依頼しました。書類もつくらず当日から工事に着手しました。作業が終わり，請求された金額が高額なのでびっくりしました。
>
> 事業者に苦情を言ったら，工事が終わったので工事代金を支払うのは当然だと言われました。

●クーリング・オフ期間の起算日は

典型的な訪問販売です。クーリング・オフ期間の起算日は，「特定商取引法で定めた記載事項がすべて記載された申込書面又は契約書面の交付を受けた日を初日として」計算すると定められています。書面の交付がなければ契約から8日を過ぎていてもクーリング・オフできます。

●なぜ書面が必要か

クーリング・オフ制度は，申込書面または契約書面の交付のいずれか早い日から8日目までは，消費者は，考え直して契約をやめることができるという趣旨の制度です。事業者はどういうところか，購入した商品や依頼したサービスの提供はどういう内容のものか，価格などは納得できるか，といったことを，渡された契約書面（または申込書面）で確認できる状況になってから8日間は再度熟慮できるようにしたわけです。

このケースでは，申込書面も契約書面も渡されていません。まだ，クーリング・オフは可能です。

●工事が終わっているとき

工事などのサービス取引の場合には，サービスの提供後でもクーリング・オフできます。事業者は，クーリング・オフされたら，名目のいかんを問わず，一切消費者に対して金銭の請求をすることはできません。

消費者に対する情報開示であり重要な事業者の義務である書面交付を怠ったのですから，当然の責任であると言えます。

21　契約書面の記載事項に不備があるとき

> **Q**　訪問販売で屋根のリフォーム工事の契約をしました。契約書には「工事一式」とあります。契約書をもらってから8日以上過ぎているので、クーリング・オフはできませんか。

●クーリング・オフ期間の起算日

　クーリング・オフ期間については、法律では、「申込者等が契約書面を受領した日（その日前に申込書面を受領した場合は、その書面を受領した日）から起算して8日を経過したとき。」と定めています。

　ここで言う契約書面・申込書面は、法律で定めた記載事項のすべてが明確かつ平易に記載されたものであることが必要です。事業者が「これが契約書だ」と言っても記載事項が不十分であれば、クーリング・オフ期間は起算されません。

　記載事項については、Q12を参照してください。

●ケースの場合

　この場合の屋根のリフォーム工事とは、屋根用パネルを購入して取り付けてもらうというものでした。その場合の書面記載事項としては、

- 商品の種類
- 商品名
- 商品の商標または製造業者名
- 商品の型式または種類（権利、役務（サービス）の種類）
- 商品の数量
- 役務つまり工事の内容
- 販売価格（役務の対価）として、パネルの単価、役務（サービス）の対価、契約の合計額が必要です。

　以上のすべての記載がなければ、消費者は、その契約で納得できるかどうか、考えようにも情報が足りないので判断がつきません。

　したがって「工事一式」だけでは記載事項として不備であり、8日を経過していてもクーリング・オフが可能です。

22　過量販売の解除制度

Q　　1人暮らしの祖母が大量の布団を訪問販売で契約させられていることがわかりました。契約ごとの事情はよくわかりませんが，なんとかなりませんか。

●次々販売と訪問販売規制

　同一業者との間で何度も契約している場合で，事業者が法律をきちんと守っており，かつ信頼関係が形成されている場合には，不意打ち性がないので訪問販売の規制が及びません。無店舗販売業者の場合には1年間に3回目以降の契約は，訪問販売の規制は及ばないとされています（いわゆる常連取引）。

　しかし，これはそれ以前の契約に何の問題もなく消費者にとって納得できるものだった場合の話です。問題のある契約を何回しても，訪問販売の規制を免れることはできません。

●クーリング・オフと取消し

　契約書面をもらっていない，あるいは不備があるという場合には，クーリング・オフすることが考えられます。このケースでは難しいようですが，勧誘の際にウソをついていたことがはっきりしていれば，契約を取り消す方法も考えられます。

　問題は，いずれの方法も難しい場合の解決方法です。

●次々販売が社会問題に

　2005年に，次々と十数件の悪質住宅リフォーム契約を締結させられた認知症の姉妹の事件がきっかけとなって，類似の被害が日常化していることが判明し，重大な社会問題となりました。そこで，2008年改正で過量販売の解除制度が導入されました。

　この制度のポイントは，同種の商品やサービスの過量販売については，契約締結から1年間は解除ができることとした点です。清算方法などは訪問販売のクーリング・オフと全く同じです。

● 過量販売の要件

　過量販売による解除の対象になるためには，次の要件を満たしている必要が
あります。

　第1に訪問販売であること，第2に，同種の商品やサービスについてその消
費者が日常生活において通常必要とされる分量・回数・期間を著しく超える契
約であること，第3にキャンセルしたい契約の契約日から1年を経過していな
いこと，です。

　この場合には，「日常生活において通常必要とされる分量を著しく超える商
品やサービスの契約」を解除することができます。勧誘の際の事情などは一切
問題にはなりません。

● 過量販売の3パターン

　対象になる過量販売としては3つのパターンのものがあります。

　第1は，同一業者が同種の商品を次々と大量に契約させるケースです。呉
服・布団・宝石・住宅リフォームなどで被害が多くあります。第2は，事業者
が，一度に大量の契約をさせるケースです。数年分の健康食品を一度に契約さ
せたり，老夫婦の家庭に大樽の味噌を売りつけるなどです。第3は，複数業者
が，次々と同種の商品やサービスを過量販売になることを承知のうえで契約さ
せるケースです。悪質住宅リフォーム被害はこのパターンでした。

● 行政規制もある

　過量販売は，契約の解除ができますが，それだけではなく過量訪問販売をし
た事業者は，業務停止などの行政処分の対象にもなります。

● 個別クレジット契約も解除可能

　次々販売では，現金がない消費者には個別クレジット契約をさせます。そこ
で，2008年改正では割賦販売法も改正し，訪問勧誘による過量販売の場合には，
個別クレジット契約も契約締結日から1年間は解除できるものと定めました。
個別クレジット契約の解除は，クレジット会社に通知をする必要があります。
解除効果については，第1章Q6と同様です。

23　電話機リース

> **Q**　自宅兼店舗で，理容室を家族経営しています。電話は自宅スペースにあるものだけですが，訪問勧誘で電話機リースの契約をしました。クーリング・オフはできますか。

●電話機リースのトラブルが多発

電話機リースの訪問販売の事例では，廃業した自営業者，自宅兼事業所の小規模事業者，お寺などを狙うケースが少なくありません。

セールストークも「NTT の点検」などと名乗って訪問し，「黒電話は使えなくなる」「電話料金が安くなる」などと勧誘するものが典型的です。

●電話機リースとクーリング・オフ

自営業者でも，私生活のための契約であれば，特定商取引法が適用されます。

電話機リースでは，電話機販売業者が訪問勧誘に来ますが，リース契約は電話機販売業者と提携しているリース会社との契約になります。以前は，リース会社が「うちが訪問勧誘しているわけではない」とクーリング・オフを拒否することもありました。そこで，2006年に経済産業省（当時の所管庁）が電話機リースのような仕組みの「リース提携販売」にも訪問販売の規制が及ぶことを明確化しました。

●店舗名での契約のとき

問題は，契約名義人が個人ではなく会社や店舗の名義の場合です。

特定商取引法の適用にあたっては，形式的な契約者の名義ではなく，実質的な判断によると，経済産業省と消費者庁は説明しています。

つまり，店名義の契約であったとしても，その電話の使用方法は主にどういうものであるのかが判断基準になるということです。電話の置き場所，主な使用目的など実状によって判断されるということです。

24　自分から電話をして来てもらった場合

> **Q**　　トイレの水が詰まったので，あわててスマホで近所の工事業者を調べ，電話をして来てもらいました。すぐに来て修理をしてくれたのですが，予想外の高額の支払いを求められました。
>
> 　スマホで調べたホームページには工事費用は1000円からと表示されていたのに，10万円も請求され，その場では仕方なく支払いました。しかし，納得できません。

●類似のトラブルが多発

　近年では，いわゆる「くらしのレスキューサービス」をめぐった同種のトラブルが全国で多発しています。設問のような水回りのトラブルのほか，鍵の紛失による鍵開けの依頼や害虫駆除などでトラブルが見受けられます。

　発端は，スマホでの業者の検索によるものが多くを占めます。このケースのように，水回り，鍵の紛失，害虫や害獣の発生や侵入などの問題が起こると，スマホで検索して対処してくれる業者を調べ，近くの業者や価格を安く表示している業者などを選んで電話で依頼して来てもらう，というものです。依頼する時点で，消費者はスマホで検索した業者のホームページなどで「1000円から」などという価格表示を見て，費用の予想をしています。中には，依頼するときに「費用はいくらかかるか」確認する場合もありますが，業者の対応は「行って現場を確認しないとわからない」との対応になることがあるようです。

●契約しないと言ったら…

　こんな事例もあります。

　電話したときには「現場を見ないと見積りできない」と言われたので来てもらった。現場を見て見積りをしてもらったら予想外に高額だったし，工事の内容も納得できなかったので契約しないと言ったら，「呼ばれたから来たのだから，契約しないなら違約金として○万円を支払ってもらう」と言われた。何もしてもらわないで○万円も支払うくらいなら依頼したほうがましと思い，仕方なく契約に応じたものの工事内容や費用はどうしても納得がいかない」。

● クーリング・オフの適用除外取引に当たるか

　これらのケースでは，契約は消費者の自宅で行われています。特定商取引法2条1項1号に定める「営業所等以外の場所での取引」に当たります。つまり，訪問販売に該当します。

　ただし，同法26条6項1号では，いわゆる「請求訪問販売」の場合には，申込書面や契約書面の交付義務やクーリング・オフ制度の適用はない旨を定めています。業者の主張する「呼ばれたから来たのだ」というのは，この規定に該当すると言いたいのではないかと思われます。

　上記の適用除外制度を設けた意味は，消費者から自分で契約したいと呼んで契約した場合には，消費者には呼ぶときに契約内容がわかっており，不意打ち性がないと評価できるためです。

● 事例へのあてはめ

　最近問題になっているこの事例のようなケースでは，この点はどうでしょうか。

　消費者があらかじめ検索してホームページで見た表示から予想した範囲内の契約であれば，消費者にとっての不意打ち性はありません。しかし，ホームページで表示されていた費用とはかけ離れた予想外の費用の場合には，消費者にとって不意打ちになります。したがって，請求訪問販売には該当せず，書面交付義務もクーリング・オフ制度も適用があるというべきでしょう。

● クーリング・オフ妨害の可能性も…

　以上の考え方に基づいて消費者がクーリング・オフをしようとしたのに対して，業者が「呼ばれたから来たので，クーリング・オフはできない」と告げて妨害をした場合には，クーリング・オフを妨げるために不実の告知をしたもので，禁止行為として規制されている「クーリング・オフ妨害」に当たります。

　事業者は，行政処分の対象になります。

　また，完璧な契約書面等の交付があったとしても，8日を経過していてもクーリング・オフは可能です。

25　説明にウソがある

> **Q**　　水質検査に来た者から，「この水を使っていると病気になる」と，浄水器を勧められました。浄水器で健康によい水になる，月々1万円程度で健康が手に入るという説明を信用して契約しました。
>
> 　ところが，水道水で病気になるという説明はウソであるうえに，48万円もの高額なものという説明はありませんでした。気がついたのはクーリング・オフ期間経過後だったのですが，やめることはできませんか。

●取消制度の導入

　クーリング・オフ期間が経過していても，勧誘の際にウソがあれば，ウソとはっきりわかり，かつ契約を取消しできると知ったときから1年は契約を取消しできます。

●取消事由

　訪問販売の場合の取消事由は，契約の勧誘の際に重要事項に関して事実と異なる説明をした場合（不実告知）と，重要事項について業者は知っているのに説明しなかった場合（不告知）の2つが原因で，消費者が事業者の説明どおりと誤認して契約したときです。

　不実告知の場合の重要事項は，①商品の種類・性能・品質・サービスの種類など，②販売価格や対価・その支払時期と方法，③商品の引渡時期やサービスの提供時期，④クーリング・オフなどの契約解除に関すること，⑤消費者がその契約を必要とする事情に関すること，⑥そのほか契約に関することで消費者の判断に影響を及ぼすこととなる重要な事項です。

　不告知の場合の重要事項は，①から④までです。

●このケースの取消事由の有無

　このケースでは，商品の品質，その契約を必要とする事情に関して不実告知があります。さらに，価格について不告知があります。したがって，契約を取り消すことができます。取消しの方法と効果は第1章Q7を参照してください。

26　高額な違約金の請求

> **Q**　訪問販売で宝石を購入しました。ところが，失業して支払えなくなったら，事業者から，「代金を支払期限に支払わないのは契約に違反したことになる」「契約は解除する。契約で定めた違約金の代金相当額を支払え」と請求してきました。
> 　商品を受け取っていなくても，契約書で決まっていれば，代金相当額を支払わなければならないのでしょうか。

●不当な違約金請求

　このケースでは，契約を守らない消費者に対して事業者は，契約書の「消費者に違約があった場合には，商品の引渡し前でも，商品代金相当額の違約金を支払わなければならない」という定めを根拠に，支払請求しています。

　このような請求が認められるのでしょうか。消費者の立場からすると，債務不履行があったとはいえ，商品をもらっていないのに，代金と同程度の金額の請求をされるのは不当ではないかと思われます。

●損害賠償等の額の制限

　訪問販売では，かつて，事業者が消費者に対して不当な違約金などを請求するトラブルが多発したため，「損害賠償等の額の制限」の規制を設けました。

　事業者が，契約で違約金などを決めていても，法律で規制した額を超える部分は法律上無効としました。これを超えて請求することは認められません。法律では，事情に応じて下記の規制を定め，下記の金額とこれに対する法定利率（2022年12月現在では，年利3％）の遅延損害金までしか請求することはできないとしています。

　①　商品の引渡し前の解除の場合――契約の締結および履行のため通常要する費用

　②　商品引渡し後に契約を解除して商品が返還されない場合――商品の販売価格に相当する額

③　商品引渡し後に契約を解除して商品が返還された場合——その商品の通常の使用料，または商品の販売価格から返還された時点の時価を差し引いた価格の，いずれか高い金額。

● このケースでは

　このケースでは，事業者が消費者に請求できる金額は，①の「商品の引渡し前の解除の場合」で「契約の締結および履行のため通常要する費用」です。この場合の費用は，「一般的に通常かかる費用」とされています。契約締結などにかかる実費ということですから，せいぜい数千円程度であると考えられます。

　したがって，事業者の請求は不当であり，認められないことになります。

27　しつこい訪問販売——再勧誘の禁止

> **Q**　断ってもしつこくやって来る訪問販売に困っています。法律での規制はないのでしょうか。

●2008年改正前の問題状況

　訪問販売は，この法律が制定された1976（昭和51）年当時から規制対象でしたが，しつこい訪問販売に関する規制は設けられていませんでした。そのため，断っても居座られる，しつこく何度も勧誘に来るなどの場合の規制はありませんでした。

　それでも，訪問販売はセールスマンがわざわざ消費者のところに出向くので，時間もかかるし人件費や交通費などのコストもかかるため電話勧誘ほどはしつこい勧誘が問題となることはありませんでした。ところが，高齢者などを狙う次々販売被害が社会問題となることにより，事態は大きく変化しました。

●次々販売被害の概要

　次々販売とは，いったん契約させられた消費者のところに繰り返し訪問しては次々と契約させ，退職金や老後の蓄え・年金・自宅などの財産などをすべて代金回収のために奪い高齢者の生活を破壊するものです。典型的な被害が2005年5月に発覚して社会問題となった埼玉県富士見市の悪質住宅リフォーム事件ですが，類似の事件は全国に及び，商品もリフォームだけではなく，呉服，布団，健康食品や健康器具などあらゆる商品に及んでいました。

　これらの事件では，セールスマンは断られてもあきらめずに何度も繰り返して訪問して仲良くなり，その後は家まで上がりこんで次々と契約させていく，というのが典型的なパターンでした。しつこいセールスマンに，泣きつかれたりすごんだりされて契約を無理強いされるケースもありました。

　次々販売の被害防止のためには，再勧誘を禁止することが重要との認識が広がり，訪問販売業界でも反対はできない状況となっていました（ただし，新聞協会は再勧誘禁止に反対しました。その言い分は，「セールスは断られたところからはじまる」「消費者に断られて帰らなければならないのではセールスに

ならない」というきわめて時代錯誤的なものでした）。

　こうした状況の下で2008年に「訪問販売をする場合には，セールスに先立ち，消費者の承諾を得るように努力すること」と「消費者が契約の締結を断っている場合には再勧誘はしてはならない」とする再勧誘禁止規定が導入されました。

●再勧誘禁止の範囲

　事業者が契約の締結について勧誘したのに対して「契約しない」ことを告げた消費者に対する再勧誘は禁止されます。具体的には，①断られたのに居座って勧誘を続ける行為，②いったん帰ったあとで再三訪問してくる行為，が禁止されます。

　問題は，「どの範囲まで禁止が及ぶか」です。リフォームの勧誘業者A社に対して断った場合に，A社によるリフォームの再勧誘が禁止されることは当然です。では，A社に対して「もう訪問勧誘に来ないでほしい」とか「一切契約しないから」と断った場合には，A社が呉服や布団の訪問販売に来た場合には違反になるのでしょうか。

　所管している経済産業省と消費者庁は「リフォームの勧誘を断ったのだから，リフォームの再勧誘を禁止するという意味である」と説明しています。「勧誘されていないものを断ることはできない」というのです。

●訪問勧誘拒否と再勧誘禁止

　上記の説明は，この規制は「あくまでも消費者が契約を断った場合の再勧誘の禁止」であり，「訪問販売お断り」ができる，つまり「訪問販売そのものを拒絶しているのだから，どんな商品の販売であっても，今後は訪問販売に来てはいけない」ということを認める趣旨の制度ではない，という意味と考えられます。

●再勧誘が禁止される期間

　訪問勧誘による契約を断った場合でも，永久に訪問勧誘を禁止する趣旨ではありません。販売している商品の種類に応じて，通常の耐用年数あるいは使用期間は再勧誘は禁止されますが，その期間が経過して通常の買替えなどの時期

が来れば，再勧誘の禁止には違反しないこととなります。家庭用品などの場合には，製品にもよりますが5年前後というものが多いのではないかと思われます。生鮮食料品であれば数日ということもありえます。

　この点も，この制度が「訪問勧誘を拒絶する」制度ではなく，「断った契約についての再勧誘を禁止する制度にとどまる」ことによるものと言えるでしょう。

● 違反に対する措置

　事業者が再勧誘に違反した場合には，国および都道府県は行政処分を行うことができます。改善するように指示し，改善されない場合には最大2年の業務停止と禁止命令ができます。処分をした場合には，事業者名を公表しなければなりません。

　執拗な訪問販売業者でも，勧誘に来るたびに販売する商品が違うという場合には，行政処分の対象にはなりません。この点が，訪問販売を迷惑に思っている消費者にとっては不満足に感じられる部分です。

● 断るときは明確に

　契約の勧誘を断るときにははっきりと断ることが重要です。「契約しません」とはっきりと断ります。理由を説明する義務も必要もありません。

　おだやかに断りたいと思って「今は忙しいから」とか「考えさせてほしい」と言うと，「暇なときに来てほしい」とか「考えておくから，改めて来てほしい」という意味であると曲解されるもとになります。違反としての認定がされない可能性もあるので，このような対応は避けるべきです。

第 3 章

「通信販売」をめぐる
トラブル事例と対応の仕方

　カタログショッピングからインターネットショッピングまで，通信販売にもさまざまなものがあります。

　この章では，通信販売の被害と消費者保護の制度，2021年改正のポイントについて紹介します。

1 通信販売のいろいろと特定商取引法の定義

> **Q** 通信販売にはどのようなものがありますか。また，特定商取引法による通信販売の定義を教えてください。

●特定商取引法での定義

特定商取引法では，「販売業者又は役務提供事業者が郵便その他の主務省令で定める方法（以下「郵便等」という）により売買契約又は役務提供契約の申込みを受けて行う商品若しくは特定権利の販売又は役務の提供であつて電話勧誘販売に該当しないもの」と定義されています（2条2項）。電話勧誘販売でないものであることが必要です。電話勧誘販売は，次の章で取り上げるように別の規制対象取引になります。

定義の要件を整理すると下記のようになります。

---
(1) 販売をする当事者が営利を目的とする事業者であること。
(2) 契約の申込み等を主務省令で定める郵便等の通信手段で受け付ける取引であること。
(3) 販売業者等からの勧誘はないこと。
(4) 取引内容は，商品または特定権利の販売契約か，有償での役務提供契約であること。

対面での勧誘がある場合は，取引の場所が営業所等以外の場所であったり，特定顧客の場合は訪問販売になります。電話での勧誘によるものは，電話勧誘販売になります。通信販売のポイントは，「販売業者等からの勧誘がない」ことです。では，消費者は，何により契約の申込みをするのでしょうか。それは「広告を見て意思決定をして」通信手段で申し込むというわけです。

通信販売の定義のポイントは，事業者からの勧誘はなく，契約の成立まで販売業者と消費者が対面することはない，ということです。

取引の内容が，権利の販売の場合は特定権利に限られる点は，訪問販売と同様です。

●広告のいろいろ

通信販売の広告にはさまざまなものがあります。新聞・雑誌などの広告，チラシやパンフレット，ダイレクトメール，カタログなどの紙ベースのもの。テレビショッピングやラジオショッピングなどの宣伝広告。ネット通販などのパソコンやスマホなどの電子画面の広告など。

●申込方法のいろいろ

主務省令では，申込手段の郵便等の方法は下記の方法と定めています。

一　郵便又は民間事業者による信書の送達に関する法律第2条第6項に規定する一般信書便事業者若しくは同条第9項に規定する特定信書便事業者による同条第2項に規定する信書便

　＊これは，いわゆる「信書便」のことを指します。

二　電話機，ファクシミリ装置その他の通信機器又は情報処理の用に供する機器を利用する方法

三　電報

四　預金又は貯金の口座に対する払込み

●通信販売に該当する取引のいろいろ

カタログショッピング，テレビショッピング，ラジオショッピング，インターネット通販などは，すべて通信販売に該当します。インターネットで利用するオンラインゲームや音楽ソフト・動画・出会い系サイトの利用・アダルトサイトの利用なども，有償のサービスは情報提供サービスの利用契約であり，特定商取引法で規制する通信販売に該当します。

ネットオークションやフリマアプリでの販売であっても，出品者が事業者の場合には，通信販売としての規制が及びます。インターネットオークションにのみ出品している場合でも，一定金額以上の売上げがある場合や多数の商品を出品している場合には事業者に該当します。判断基準については，消費者庁がガイドラインで明確にしています。

●適用除外

　訪問販売と同様に，特定商取引法26条1項で，通信販売の規制から除外する取引を定めています。具体的な適用対象の範囲は，訪問販売の章を参照してください。

2　通信販売の規制の概要

> **Q**　通信販売では，消費者保護のためにどのように規制を定めていますか。

●通信販売の規制の考え方

　通信販売では，消費者は広告を見て契約締結の意思決定をします。そのため，広告の表示内容が不十分だったり，誇大な内容や虚偽の内容だと消費者は契約の選択を誤ることになります。

　また，インターネット通販では，申込みもインターネットで行うために，申込画面の表示が不十分だと申込内容を誤解したまま申し込んでしまう危険が高くなります。クリックミスによるトラブルも起こりがちです。近年では，いわゆる「定期購入」をめぐるトラブルが増加を続けており，これに対する対策も求められていたことから，2021年改正ではインターネット通販などの申込確認画面について「特定申込」として規制する制度を導入しました（改正法は2022年6月1日から施行されています）。

●規制の概要

　特定商取引法による通信販売の規制の概要は，以下のとおりです。

---

① 　通信販売についての広告表示義務　（第11条）

② 　誇大広告等の禁止　（第12条）

③ 　承諾をしていない者に対する電子メール広告及びファクシミリ広告等の提供の禁止等　（第12条の4及び5）

④ 　特定申込みを受ける際の表示に関する規制　（第12条の6）
　　さらに，申込内容を容易に確認訂正できない画面は禁止　（第14条）

⑤ 　前払式通信販売における承諾等の通知義務　（第13条）

⑥ 　契約解除を妨げるための不実の告知の禁止　（第13条の2）

⑦ 　通信販売における契約の解除等のデフォルトルール　（第15条の3）

⑧ 　通信販売における契約の申込みの意思表示の取消し　（第15条の4）

● クーリング・オフ制度はない

　通信販売の規制で最も注意が必要なことは，通信販売にはクーリング・オフ制度がないという点です。

　代わりにいわゆる返品制度に関するルールが定められていますが，これは訪問販売などで設けられているクーリング・オフとは全く違う仕組みをとっています。大きな違いとしては下記のような点です。

　⑴　返品制度は，販売業者が自由に定めることができる。その場合には，広告と特定申込画面に表示する義務がある。つまり，「この取引では，返品はできません」と定めることも自由ということです。ただし，消費者に情報提供する必要があるので，広告に表示することが義務付けられています。

　⑵　広告に事業者なりの返品制度の有無や内容が表示されていない場合には，消費者が商品を受け取ってから8日間は，消費者は返品できます。これが「契約解除等に関するデフォルトルール」という意味です。この場合の返品のために要する費用は消費者負担です。

　このことからもわかるように，ネット通販で広告に「返品不可」などと表示されている場合には，返品はできないということです。また，返品のための条件が広告に明示されている場合には，広告の表示によります。通信販売を利用する場合には，広告で取引の内容や取引条件を十分に確認することが大切だということです。

● 特定申込画面の規制

　最近では，スマホによるネット通販の利用が拡大しています。スマホの画面は小さく，ずっとスクロールしながらよく確認しないと広告内容のすべてを確認できません。十分確認するようにしましょう。

　さらに，ネット通販では，最終的な申込内容を確認できるように表示することが義務付けられています（特定申込画面等の規制）。申込入力をしたら，最終確認画面で自分の申込内容に勘違いや入力ミスはないかを丁寧に確認するようにしましょう。

3　広告に表示すべきこと

> Q 広告に表示しなければならないのは，どんなことですか。

●広告に記載すべき事項

　法律で通信販売の広告に記載すべきこととしている主な事項は，下記のとおりです。広告メール，ネット通販にも同じ表示義務があります。

① 販売価格（役務の対価）（送料についても表示が必要）

② 代金（対価）の支払時期，方法

③ 商品の引渡時期（権利の移転時期，役務の提供時期）

④ 申込みの期間に関する定めがあるときは，その旨及びその内容

⑤ 契約の申込みの撤回又は解除に関する事項（売買契約に係る返品特約がある場合はその内容を含む。）

⑥ 事業者の氏名（名称），住所，電話番号

⑦ 事業者が法人であって，電子情報処理組織を利用する方法により広告をする場合には，当該事業者の代表者又は通信販売に関する業務の責任者の氏名

⑧ 事業者が外国法人又は外国に住所を有する個人であって，国内に事務所等を有する場合には，その所在場所及び電話番号

⑨ 販売価格，送料等以外に購入者等が負担すべき金銭があるときには，その内容及びその額

⑩ 引き渡された商品が種類又は品質に関して契約の内容に適合しない場合の販売業者の責任についての定めがあるときは，その内容

⑪ いわゆるソフトウェアに関する取引である場合には，そのソフトウェアの動作環境

⑫ 契約を2回以上継続して締結する必要があるときは，その旨及び販売条件又は提供条件

⑬ 商品の販売数量の制限等，特別な販売条件（役務提供条件）があるときは，その内容

⑭　請求によりカタログ等を別途送付する場合，それが有料であるときには，その金額

⑮　電子メールによる商業広告を送る場合には，事業者の電子メールアドレス

●カタログのあるとき

　いわゆる「カタログ」などが発行されている場合には，広告には記載事項の一部が省略されている場合があるので，カタログを取り寄せて確認したうえで取引をするかどうかを判断すべきでしょう。

　事業者名等，商品の引渡時期等，代金の支払時期や方法，商品の契約不適合に関する販売業者の責任は，カタログに書いてあれば，広告表示から省略できます。返品に関する事項は必ず広告に表示が必要で，省略できません。

　なお，ここでいう「カタログ」には電子データによるものも含まれます。

●広告をよく見て

　広告によっては，法律で定められた記載事項が書かれていない場合があります。こういう事業者は，消費者に対する情報提供を十分に行っていないので，契約締結後のトラブルの可能性が大きいと言えます。

　広告を見るときには，大切なことがきちんと記載されているか確認するようにしましょう。商品のイメージや価格ばかりに気を取られないで，大切な取引情報を確認することを忘れないことです。

●インターネット取引のとき

　ネット通販を利用するときにも，事業者の名称，住所，電話番号，責任者の氏名の表示を確認することが大切です。ネット通販業者の中にはアドレスや屋号（ドメイン）の表示しかしていない場合もあります。こういう事業者はきちんとルールを守っていないわけで，良心的とはいえません。トラブルになる危険が大きいうえに，トラブルが生じたときには連絡がとれなくなる心配があります。

4　靴を返品したい──返品不可の場合

> **Q**　チラシ広告で気に入ったデザインの靴を見つけたので電話で注文しました。届いたものはデザイン上細身に作られていて，自分の足には合わず履くことができません。
>
> 　返品しようとしたところ，返品は不可であると拒否されました。納得できません。こんなことが許されるのでしょうか。

●返品制度の扱い

　通信販売では，商品が届いてから一定期間内であれば商品を返品することができる「返品制度」を設けている場合が少なくありません。

　しかし，この返品制度はクーリング・オフとは違い，返品不可の取扱いも許されます。ただし，返品不可の場合は広告に明記する必要があります。

●広告に記載義務がある

　通信販売で商品を買う場合には，返品ができるかどうかは大変重要な問題です。このケースの場合のように，現物を確認してみないとサイズなどが自分に合うかどうかわからない場合もあります。

　そこで，特定商取引法では，「返品制度の有無」と，返品制度がある場合には返品期間や費用負担などを，広告に記載すべきものと定めました。

　つまり，消費者は，返品できないと困る買い物の場合には，あらかじめ広告で確認して返品制度のあるものを利用することができる，というわけです。

●広告で確認しよう

　まず，広告で返品できるかどうかを確認します。次に，返品期間は，いつから，いつまで何日間となっているかを確認します。返品のための費用負担はどうなっているかも忘れないで確認しましょう。広告に「返品はできません」とか「返品不可」との表示がされているときは，返品はできません。

　クーリング・オフ制度とは違い，返品制度の内容も，事業者は自由に定めることができます。「この事業者の場合はどういう返品制度か」の確認が大切です。

5 商品違いの場合

> **Q** 通信販売で，ブランドものの黒いトレーナーを注文しました。ところが，届いた商品を開けて見たら，青いトレーナーが入っていました。この事業者は，返品は一切認めていません。我慢するしかないのでしょうか。

●商品違いは債務不履行

契約を締結した場合には，契約当事者双方は，契約を守る義務があります。もし，事業者が，契約どおりの履行をしてくれない場合には，注文したとおりの履行をするように請求することができます。

契約したのは，黒いトレーナーの売買です。事業者は，黒いトレーナーを引き渡す義務があります。青いトレーナーの引渡しでは債務を履行したことにはなりません（債務不履行にあたるということ）。

売買契約の場合には，契約とは違う商品が届いたのですから，消費者は，事業者に対して，注文どおりの黒いトレーナーと交換するよう請求できます。これを，契約不適合責任による追完請求と言います。

送られてきた商品にキズがある場合も同様で，補修なり交換なりを請求することができます。具体的には，一定の合理的な猶予期間を定めて，その期間内に交換などをするよう請求します。

消費者が履行するよう求めても事業者が応じない場合には，契約を解除して代金を返すよう請求できます。

●返品制度はなくても大丈夫

返品制度とは，事業者がきちんと注文どおりの商品を送ってきても，消費者が現物を見て納得できなければ一定期間は返品できるとするものです。

売買契約で引渡された商品が契約内容とちがうという債務不履行の場合には，契約で定めた内容の商品と交換するよう請求できます。

6　広告に返品制度の表示がない

> **Q**　ネット通販で注文した商品を返品しようとしたら，事業者から「返品できない」と言われました。注文した際のホームページを確認したら，返品についての表示はありませんでした。

●クーリング・オフ制度はない

　通信販売では，Q2「通信販売の規制の概要」で説明したようにクーリング・オフ制度はありません。ただし，通信販売の広告には，返品制度の有無・返品制度がある場合には返品期間や費用について表示する義務があります。

●返品制度の表示がないとき

　ところが，ネット通販の広告等で返品に関する表示がないケースが見受けられます。この種の業者には，消費者が返品しようとすると，あくまでも拒絶するケースが多く，問題となっていました。

●デフォルトルールは8日間の返品制度

　そこで，現在では，広告に返品についての表示がない場合は「商品が届いてから8日間の返品制度，返品費用は消費者負担」というデフォルトルールを導入しています（特定商取引法15条の3）。したがって，広告に返品制度の記載がない場合には，購入商品を受け取った日から8日間は返品可能です。ただし，役務（サービス）には返品制度はありません。

　なお，クーリング・オフと違って，事業者が広告に「返品できない」と表示していれば，返品はできません。したがって，通信販売を利用する場合には，広告をよく確認することが大切です。

7 前払いしたが商品が届かない

> **Q** 　人気のイベントチケットをネット通販で注文しました。代金を前払いしたのに，引渡期日がすぎてもチケットが届きません。問合せのメールも届かなくなってしまいました。

●前払式通信販売に多い被害

　代金の一部または全部を前払いする通信販売のことを「前払式通信販売」と言います。

　前払式通信販売でトラブルが多いのは，代金を支払ったのに商品が届かない，商品は届いたが注文したものとは違うので交換するよう請求しているのに無視される，届いた商品が広告のものとは全くイメージが違う粗悪なものである，届いた品物にキズがあるのに交換にも修理にも応じてくれない，などです。

●前払式通信販売は業者の自由

　前払式通信販売は，このようにトラブルが起こりやすいために，「前払式通信販売は禁止すべき」という意見もあります。業界は，「子供用の少額の通信販売では，代金後払いだけに限定すると，代金の回収管理の業務にコストや手間がかかる」などの理由から，反対しています。

　通信販売の広告には，商品代金の支払時期と方法を表示しなければならないとされています。広告を見れば，前払いか，代金引換えか，後払いかがわかるようになっています（カタログがある場合には，カタログで確認します）。結局，前払式通信販売を利用するのは，消費者自身の危険の選択ということになります。危険を避けたい場合には，後払いのものを選択するようにしましょう。

●前払式の場合の消費者保護

　代金を支払ったのに業者から何の連絡もないというのでは，消費者としては，大変不安なものです。代金は受け取ってもらえたのか，商品はいつ届くのか確認したいと思うのが人情です。

　そこで，特定商取引法では，前払式通信販売については，代金を受け取って

から遅滞なく商品の引渡しをするか，それができない場合には，①受け取った金銭の額，②受領した日時，③何の代金として受領したのかその内容，④契約の承諾の有無，⑤商品の引渡しの時期，⑥事業者の住所・名称などを記載した書面（電磁的方法でもよい）を交付すべきものと義務付けています。この場合の「遅滞なく」とは，取引から3，4日程度とされています。

●被害に遭ったとき

　代金を支払って注文したのに，業者が約束を守らない場合には，すみやかに契約どおりに履行するように請求してください。請求しても履行されない場合には，債務不履行により契約を解除して，支払い済みの金銭を返還するよう請求します。請求しても返還されない場合には，相手に対して返金の訴訟を起こして判決をとり，相手の財産を差し押さえる方法をとります。

●出版社・プラットフォーム業者は責任をとらない

　相手の事業者から回収できない場合には，広告を掲載していた雑誌などの出版社や，ネット通販の場合のサイト運営業者などのプラットフォーム業者に責任を取ってもらうことができるでしょうか。

　特に，これまで全く知らなかった事業者と取引することにしたのは，サイト運営業者を信用したという場合もあります。

　しかし，雑誌などの出版社やサイトやプラットフォーム運営業者は，「スペースを貸しているだけで，広告主の信用度の保証をしているわけではない。広告を見て信用度を判断するのは個々の消費者の責任だ」と言っています。裁判例も同様の立場です。

8 定期購入トラブル──特定申込の規制

> **Q** SNSで，以前から気になっていた高価な化粧品が今なら初回だけお試し価格500円で買えるというのを見て，リンクを貼ってあった販売会社のホームページにアクセスして注文しました。
>
> 自分では最初の1個だけのつもりで注文したのですが，半年間の定期購入で，2個目からは毎月月末に送られてきてその都度正価格を支払うことになっていることを知りました。業者は「契約だから守ってもらう」と言うので，困っています。

●最近多発しているトラブル

広告で派手に「初回お試し価格」などと特別に安価な価格で購入できるとうたい，取引の仕組みは「一定期間の売買契約で，最初の1個だけがお試し価格」になっている取引をめぐるトラブルが年々あらゆる年代に増加しています。若者は脱毛剤など，熟年者や高齢者には健康食品や化粧品の被害が多くみられます。

トラブルの原因は，「初回お試し価格」という目立つ広告表示を見て1個だけお試しで購入するつもりで注文したところ，契約内容は一定期間の定期購入だったというもので，申し込む消費者の認識と実際の契約内容にズレがあるためです。中には，消費者から契約解除の手続をしないと自動的に更新されていくサブスクリプションの仕組みを取っているのに，消費者に認識がなく解除手続をしないため毎月送られてきてトラブルになるというケースも見られます。

この定期購入トラブルは，スマホを利用したネット通販で多く見られます。

●通信販売の規制

こうしたトラブルを防ぐためには，消費者に対して契約内容について正しい情報提供を行うことが重要です。

そこで，特定商取引法では，まず，広告表示には，販売する商品の全体の量と価格，引渡時期，代金の支払時期と方法を表示することが義務付けられています。さらに，消費者が申込入力をした後で，最終的な申込みの確定ボタンを

クリックする前に申込内容を最終的に確認することができる画面（特定申込画面）を用意し，この最終確認画面に表示すべき事項を以下のように表示するよう義務付けています（特定商取引法12条の6）。

最終確認画面に表示すべき事項
① 商品等の分量
② 販売価格（役務の対価）（送料についても表示が必要）
③ 代金（対価）の支払時期，方法
④ 商品の引渡時期（権利の移転時期，役務の提供時期）
⑤ 申込みの期間に関する定めがあるときは，その旨及びその内容
⑥ 契約の申込みの撤回又は解除に関する事項（売買契約に係る返品特約がある場合はその内容を含む。）

なお，契約の申込みとなることを誤認させるような表示や，上記の事項について誤認させるような表示は禁止。

●取消制度

販売業者が，特定申込を受ける際，上記の表示義務に違反したことにより，下記のように消費者が誤認して申込みをしたときには，申込みや契約を取り消すことができます。取消しできるのは，追認することができるときから1年間です。追認することができるときとは，取消事由がなくなり，かつ消費者が自分には取り消す権利があることを知ったときです。取り消した場合には，訪問販売の取消制度の場合と同様の清算ルールによります。

⑴ 法第12条の6第1項の表示義務に違反して不実の表示がなされた場合で，消費者がその表示が事実であると誤認した場合
⑵ 法第12条の6第1項の表示義務に違反して表示がなされなかった場合で，消費者が表示されていない事項が存在しないと誤認した場合
⑶ 法第12条の6第2項第1号で禁止される消費者に契約の申込みとはならないとの誤認させる表示がなされた場合で，クリックが申込みとならないと誤認した場合

(4) 法第12条の6第2項第2号で禁止される前記の各表示事項について消費
　者に誤認させる表示がなされた場合で，表示事項について誤認した場合

●いわゆる紳士録商法など

　いわゆる紳士録商法などでは，販売業者が紳士録の購入の申込用紙を送って
きて，消費者は書き込んで返送するという取引方法をとります。この商法でト
ラブルが多発したケースでは，申込用紙に大きく「申し込む」「申し込まな
い」と表示されていて，どちらかに○をして返送するようになっているのです
が，小さく「来年は」と表示されていました。つまり，申込書を返送すること
により「今回は購入する」ことになるように作られていたわけです。しかし，
普通に見ると，「来年は」という文言がとても小さく表示されているため，消
費者は「今回分を申し込む」「今回分を申し込まない」という選択肢と誤認し
て返送するため，トラブルになっていました。悪質業者が消費者の誤認を狙っ
て，誤解しやすい表示にしていたわけです。

　紳士録商法に見られるように，申込書を販売業者が用意し，消費者が書き込
んで返送して申し込む場合の申込みも，「特定申込」に該当します。したがっ
て，表示に違法があり，その結果消費者が誤認して契約した場合には，契約を
取り消すことができるわけです。

　その申込書を返送すると今回の紳士録の購入の申込みになるのに，そうでは
ないと誤認させるような表示をし，その結果，誤認した消費者が，今回は購入
しないつもりで記入して返送した事例であれば，その契約を取り消すことがで
きます。

9　クリックミス

> **Q**　ネットショッピングで間違った商品をクリックミスして注文してしまいました。直後に気がついてあわてて販売業者に電話して事情を説明し，キャンセルしてほしいと依頼したのですが，契約した以上キャンセルには応じられないと拒否されました。
>
> 　間違って注文したものでもいったん申し込んでしまったものはキャンセルできないのでしょうか。

●ネットショッピングの特徴

　スマホやパソコンの操作で契約の申込みを行うインターネット通販では，対面や電話でやり取りしたり，ハガキなどに書き込んで注文したりする場合よりも手軽な反面，ケアレスミスも起こりやすい傾向があります。うっかりクリックミスをして，注文するつもりはない商品を購入する操作をしてしまう，品物を間違えてクリックしてしまうなどというのは典型例でしょう。

●クリックミス防止の対策

　特定商取引法では，このようなミスを防ぐための制度を設けています。

　法14条１項で，「…通信販売に係る取引の公正及び購入者又は役務の提供を受ける者の利益が害されるおそれがあると認めるときは，その販売業者又は役務提供事業者に対し，当該違反又は当該行為の是正のための措置，購入者又は役務の提供を受ける者の利益の保護を図るための措置その他の必要な措置をとるべきことを指示することができる。」と定め，同項３号で「…通信販売に関する行為であつて，通信販売に係る取引の公正及び購入者又は役務の提供を受ける者の利益を害するおそれがあるものとして主務省令で定めるもの」を指定しています。

　そして，主務省令で，「販売業者等が，ネット通販で申込みを受ける場合において，申込みの内容を，顧客が電子契約に係る電子計算機の操作（当該電子契約の申込みとなるものに限る。）を行う際に容易に確認し及び訂正することができるようにしていないこと」を禁止しています。

　つまり，ネット通販では，消費者が申込入力後に，その申込内容を電子画面上で容易に確認し，間違った場合には容易に訂正できるようにすべきことが義務付けられているということです。自分が入力した申込内容を確認し，間違いないことを確認してから正式な申込みとなる送信ボタンをクリックするようにすれば，クリックミスによるこの事例のようなトラブルは防ぐことができます。

●確認・訂正画面がない場合

　この事例では，申込内容を確認する画面があったのにスルーして確認しなかったのか，確認画面がなかったのかがわかりません。もし，確認画面があったのに消費者が確認しないでスルーして送信ボタンをクリックしてしまった，という場合には，返品制度もないというのであれば，事業者の言うとおりキャンセルはできません。

　一方，申込内容を容易に確認できる画面を事業者が用意していなかったために，消費者がクリックミスに気づかないで送信してしまった場合には，キャンセルできるでしょうか。この場合の民事ルールについて特定商取引法では規定を設けていません。ただし，電子消費者契約に関する民法の特例法（いわゆる「電子消費者契約法」）により，錯誤による取消しができます。

10　インターネット通販業者との連絡がとれない

> **Q**　前払いのネット通販で注文しました。商品が届かないので何回もメールで連絡しましたが，全く無視されてしまい，ホームページも閉鎖されてなくなっていました。
>
> 　なんとかして商品の引渡しをしてほしいのですが，どのようにしたらよいでしょうか。相手の事業者については，電子メールのアドレスしかわかりません。

●広告では業者の情報を確認して

　インターネットショッピングで最も注意しなければならないトラブルの典型例です。実際にも，この種のトラブルは多発しています。

　また，大変残念なことに，こうした被害に遭った場合には，刑事事件になって摘発される場合以外には，ほとんど加害者である事業者がどこの誰なのかを特定することが困難であるという実状にあります。

●電子メールのアドレスだけでは不十分

　商品を購入するというのは，契約を結ぶことを意味します。契約とは，相手と約束をするということですから，自分が約束しようとする相手が「どこの誰か」「信用することができるか」といったことは，大変重要です。

　約束の内容がどんなに立派なものであっても，相手がその約束を守るつもりのない事業者であったり，守るだけの経済的裏づけのない事業者であれば，安心して契約を結ぶわけにはいきません。

　こうした点から，契約をする場合には，相手がどこの誰であるか，信用できる相手か，ということを確認することが大切なのです。

　相手が契約内容の履行をしないなどのトラブルが発生すれば，消費者は，相手の事業者に対して，契約を守るように請求できます。また，請求しても守ろうとしない場合には，契約を解除して損害賠償などを求めることができます。

　しかし，こうした責任の追及をする場合には，契約の相手が「どこの誰であるか」ということがわかっていることが前提となります。

こういう契約の基本から言うと，電子メールアドレスや，ドメインネームしかわからない相手と契約をすることは大変危険なことなのです。

●広告を確認して

特定商取引法では，通信販売の広告にはネット通販であっても「①販売業者の氏名／名称，②住所，③固定電話番号，④代表者の氏名か通信販売業務の担当責任者の氏名」を表示すべきことを義務付けています。

これらの表示がないと，契約相手である事業者を特定できないため，約束の相手がリアルな世界で実在するかどうか確認できない，電話・郵便・訪問などの方法で連絡することができないなどのためです。

この事例のトラブルは，広告の確認や保存が不十分だったために起こったものです。

●警察に被害届を

こうした場合にも，プロバイダーやプラットフォーム業者は「通信の秘密」などを理由に，その通信販売を行っていた事業者がどこの誰なのかは教えてくれないのが現状です。

計画的な詐欺行為の疑いが強い場合には警察に被害届を出すようにしましょう。

11　インターネット・オークション

> **Q**　インターネット・オークションには通信販売の規制は適用されますか。

●事業者の出品には適用がある

　インターネット・オークションにも，出品者が消費者である場合と事業者である場合があります。

　出品者が消費者の場合には，特定商取引法の適用はありませんが，事業者が出品している場合には適用があります。特定商取引法は，消費者が事業者と取引をする場合に，格差を是正して消費者を保護するための法律だからです。

　たとえば，オークションのほかにもネット通販をしている事業者や店舗事業者が，オークションにも出品している場合には適用があります。

●事業者と消費者の区別

　問題は，オークションにだけ出品している場合には，事業者と消費者とをどのように区別するかということです。

　消費者庁は，次のように説明しています。「事業者」とは，販売などを業として営む者を意味し，「業として営む」とは，営利の意思をもって，反復継続して取引を行うことを言う。ただし，営利の意思の有無については，出品者が主観的にどう思っていたかではなく，客観的に判断する，ということです。

　以上に該当すれば，個人でも「事業者」として規制されます。消費者庁は，「インターネット・オークションにおける「販売業者」に係るガイドライン」を公表し，「事業者」の客観的基準を定めています。

　一度に同種の商品を複数出品する場合には商品の種類によって点数を定めています。それとは別に，1年間に1,000万円以上，あるいは1か月に100万円以上の落札額である場合などは，原則として事業者として扱われます。たとえば，自分で作曲して演奏したものをCDにして10枚，20枚とオークションに出品した場合，バイクの部品を複数出品した場合などは事業者に該当します。

100

12　広告メール等の規制

> Q　電子メール広告などの通信販売の広告の規制はありますか。広告メールに迷惑しています。

●電子メール広告の規制

　通信販売の電子メール広告については，原則として消費者の同意を得ないで送信する行為は禁止されています。また，ファクシミリ広告についても同様です。消費者の同意を得ないで一方的に電子メール広告を送信した場合には，行政処分の対象となります。

　通信販売以外の商業メールの送りつけについては，特定電子メール法という総務省所管の法律で規制しています。通信販売の電子メール広告の送信規制と同様，消費者の事前同意を得ないで送信する行為を禁止しています。

　ただし，フリーメールや，契約の成立に伴う事務連絡のメールなどに広告を載せる場合は例外として，消費者の同意は必要ないものとしています。

　これらの規制は，大量の迷惑メールの送信による被害が多発し，社会問題となったことによります。

●同意をどうとるか

　では，事業者は，事前の電子メール広告やファクシミリ広告の送信の同意を，どのような方法で取っているのでしょうか。電子メール広告の場合には，消費者がウェブを閲覧した場合などに，その末尾に「広告の送信に同意する」といった表示をしてチェックさせるなどして同意を得ていることが多いようです。たとえば，ネット通販で商品の注文をすると，注文ページの末尾に「今後のメールマガジンの送信を希望する」といった表示とチェックボックスがあるものなどが典型例です。

　このチェックボックスの取扱いは，最初から「希望する・同意する」にチェックがされているものが少なくありません。この場合には，広告メールの送信に同意しない場合には，チェックをはずす必要があります。

　自分は「同意したつもりはない」場合にも，ウェブページを最後まで確認し

なかったためにチェックをはずさなかった結果，形式的には同意したことになっている場合があり得るわけです。

　このようなやり方は本当の同意を得たことにはならないという批判がありますが，消費者庁や総務省では，こうした方法でもよいとしています。

● 今後の送信を望まない場合

　いったんは，広告メールの送信に同意をしても，今後は送ってほしくなくなる場合もあり得ます。そのために，特定商取引法などでは，広告メールには「今後は送信しないでほしい」という意思の表明ができるようにしておくことと定めています。

　もし，うっかり同意してしまったため広告メールが送信されてきたとしても，広告メールをよく見て，今後の送信を拒否する方法を確認したうえで，今後の送信は拒否する旨の連絡をすればよいわけです。

第**4**章

「電話勧誘販売」をめぐる
トラブル事例と対応の仕方

　電話で勧誘されて，直接セールスマンと会うこともなく電話やメール，ファックス，手紙などだけで締結してしまうタイプの契約が少なくありません。こうした電話勧誘は，強引でしつこく，説明が不十分だったりウソであることも多く，被害が多発しています。

　ここでは，電話勧誘販売の被害事例と消費者保護の制度を紹介します。

1 電話勧誘販売とは

> **Q** 　毎日のようにいろいろな勧誘電話がかかってきます。いつもは
> あまり説明も聞かないで切ってしまうことが多いのですが，繰り
> 返しかかってくるものもあって，とても迷惑です。
> 　電話勧誘についての法律規制はないのですか。法律で規制対象になって
> いる電話勧誘販売とは，どの範囲のものですか。

● 電話勧誘販売の被害

　1990年代頃から電話勧誘による被害が急激に増加しました。電話勧誘販売被害で特徴的なのは，高齢者などに被害が多いということです。

　近年の執拗な勧誘電話には，マンションなどの不動産投資，光回線などの電気通信契約，電力の自由化に伴うものなどがあります。ただし，後述するように，宅地・建物取引，金融商品，電気通信契約などは特定商取引法の適用はないので，この法律による消費者保護の適用はありません。

● 被害の内容

　被害・苦情で最も多いのが，断っても繰り返しかかってくる迷惑電話に関するものです。法律で規制対象にすることとなった大きな原因は，こうした迷惑電話に関する苦情がNTTに多数寄せられた結果でした。ついで，電話での説明内容が不十分だったり嘘だったという苦情が多くみられます。高齢者の被害では，契約内容が理解できないままに「はい」と契約に応じてしまい，トラブルになるケースが少なくありません。

　こうした事情から，電話勧誘販売は，特定商取引法で規制されています。

● 訪問販売との区別

　なお，事業者が電話をかけて訪問日時を約束したうえでセールスマンが訪問してきて契約の締結をするタイプのものは「訪問販売」に該当します。

　契約の勧誘目的を隠して消費者に電話をかけさせて勧誘するものも，電話勧誘販売です。詳しい内容はこの章のQ10を参照してください。

● 規制される電話勧誘販売とは

　規制対象となる電話勧誘販売とは，次の要件を満たすものです。

(1)　販売方法に関する要件

　　次の2つの要件に該当することが必要です。

　　①　事業者から電話をかけてその電話で勧誘すること。

　　　　ただし事業者が，目的を隠したり，特別に有利であることを告げて消
費者に電話をかけさせて勧誘する場合も適用対象となっています。（→
Q10）

　　②　消費者が，電話での勧誘により，通信手段で申し込むこと。

　　　　勧誘された電話で申し込む場合だけでなく，一度電話を切って，改め
て電話，ファックス，手紙，信書便，電子メール，代金の送金などの各
種の通信手段で申込みをした場合も含まれます。

(2)　購入する商品などについての要件

　　　原則として，すべての商品・役務（サービス）に関する取引が対象とさ
れます。権利の売買については特定権利のみが対象です（第2章Q4参
照）。ただし，旅行，宅地・建物，金融商品，電気通信や放送など，別の
業法で規制がある取引は訪問販売の場合と同様に除外されています。詳し
くは，第2章Q5を参照してください。

● 適用除外

　電話勧誘販売の要件を満たしていても，特定商取引法26条1項に該当する取
引は，訪問販売と同様に規制から除外されます。詳しくは訪問販売の章を参照
ください（第2章Q5）。

2 電話勧誘販売の規制の概要

> **Q** 電話勧誘販売に関しては，どのような消費者保護の制度があり
> ますか。規制の考え方と活用のポイントなどを教えてください。

●法律規制の考え方

電話勧誘販売をめぐる被害では，断ってもしつこい勧誘電話がかかってくる等の迷惑電話に対する苦情，電話でうっかり返事をしたら契約が成立したと言われたというもの，電話の説明と実際が違う，だまされたというもの，契約内容がよく理解できなかったものなどがあります。こうしたケースが急増したことから，規制されたものです。

つまり，電話勧誘販売の問題点の第1は，販売方法が不意打ち的で強引ということです。第2は，説明内容が十分ではなかったり嘘だったりして，消費者は納得できない契約を押し付けられがちである，ということです。そこで，規制の内容は，これらの問題点にポイントをおいたものとなっています。

●規制のポイント

電話勧誘販売に関する規制の概要は次のとおりです。基本的には，同様に不意打ち性の強い訪問販売の規制とほぼ同じです。

①　勧誘電話をした場合には，最初に事業者の名称，担当者の氏名，契約の締結についての勧誘目的であること，販売する商品などの種類を明示しなければなりません。

②　申込みを受けたときには申込書の控えを，契約を締結した場合には契約書の控えを交付する義務があります。

この書面には，事業者の氏名／名称，住所，固定電話番号，代表者の氏名，販売担当者氏名，商品等の名称と種類，型式か製造社名，数量，価格，商品の引渡時期，支払時期と方法，申込日（申込書のとき），契約締結日（契約書のとき），クーリング・オフ制度などの記載が必要です。

③　代金前払いの場合には，承諾書を交付する義務があります。

この書面には，受領した金額，受領日，商品名，申込みの承諾の有無，

商品等の引渡日などの記載が必要です。ただし，契約後すみやかに商品の引渡しが履行される場合には，この書面の交付義務はありません。

④　申込書または契約書面の交付された日のいずれか早いほうを初日として8日間のクーリング・オフ制度があります。クーリング・オフ妨害があったときには，クーリング・オフ期間が延長されます。

　　クーリング・オフ制度は，訪問販売の場合とほぼ同じです。

⑤　消費者が断った場合の再勧誘電話は禁止されています。

⑥　不当な勧誘やクーリング・オフの妨害行為は禁止。

　　不当な勧誘とは，重要な事項について虚偽の説明をしたり，説明しないで隠す行為，威迫して困惑させる行為などです。

⑦　取消制度

　　事業者が勧誘の際，重要事項について不実の説明をしたり説明しなかったために誤認して契約したときには，追認できるときから1年間は契約を取り消すことができます。

⑧　損害賠償等の額の制限

　　消費者が代金の支払いを怠るなどして事業者が契約を解除した場合に，事業者が消費者に要求できる損害賠償（違約金）の上限についての規制を設けています。非常識で法外な損害賠償を認めない趣旨の制度です。

⑨　行政監督制度

　　違反業者に対しては違反の程度に応じて国および都道府県が立入調査，報告徴収，改善命令，業務停止と禁止命令ができます。行政処分をしたときは事業者名等の公表をしなければなりません。

3 しつこい勧誘電話

> **Q** しつこい勧誘電話に悩まされています。断っても断っても，繰り返し同じ事業者から勧誘電話がかかってきて，大変迷惑です。
> しかも，勤務先の忙しい時間帯をねらってかけてくるので業務上も支障をきたします。迷惑電話についての法律規制はないのですか。

●再勧誘は禁止

　特定商取引法では，電話勧誘販売について再勧誘を禁止しています。電話勧誘販売では，かつてはこのケースのような執拗な勧誘が最も重大な問題となっていました。執拗な勧誘電話に悩まされて，本来であれば不必要なのに，勧誘電話をやめてもらいたい一心で契約してしまう，という被害が多発していたのです。

　執拗さに負けて契約すると，「執拗に勧誘すれば契約に応じる顧客」という個人情報が流出し同種の事業者からの勧誘が一層激しくなってしまうという結果を引き起こすなど，二次被害も深刻でした。

　執拗な再勧誘には，断固とした手段をとる必要があります。

　法律で禁止している「再勧誘」には，具体的には次のものが含まれます。

① 事業者は，勧誘電話をかけて消費者に断られた場合には，すぐに電話を切らなければなりません。説明だけでも聞いてほしいなどとねばる行為は禁止されています。

② 勧誘電話で「契約しない」という趣旨で断られた場合には，再度の勧誘電話をすることは禁止されます。

③ 違反した場合には，改善指示や最長で2年間の業務停止と禁止命令の対象になります。行政処分の場合には事業者名等が公表されます。

●はっきり断る

　したがって，まず大切なことは，毅然とした態度ではっきりと契約をしないことを伝えて断ることです。あいまいな態度はつけ込まれる元です。「契約しません」「勧誘電話はかけないでください」とはっきりと断りましょう。

　「考えさせてください」とか「今は忙しいので」と言うのは，再勧誘電話を許したものと曲解されてつけ込まれるもとになります。

●業者の住所・名称などを確認する

　法律では，勧誘に先立って，事業者の名称，販売担当者の氏名，契約の勧誘目的であること，販売する商品の種類などを，名乗るべきことを義務付けていますから，電話をとったら一番初めにこの点を確認してメモしておきます。

　しつこいときには消費生活センターに相談しましょう。

4　断ったのに契約成立と言われた

> **Q**　自宅に勧誘電話がかかってきたので「結構です」と断りました。数日後に，その業者から契約書と代金40万円の請求書が送付されてきたので苦情の電話をしたら「結構です，と言えば契約は成立だ」「支払わなければ訴訟する」と言われました。

● 契約の成立とは

　契約が成立するためには，一方当事者の申込みと，相手方の承諾が必要です。申込みの内容と承諾の内容が一致した場合に，合意が成立します。この合意のことを「契約」と言います。

　このケースの場合には，「結構です」といって契約を断っているのですから，合意は形成されておらず，契約は成立しているはずもありません。

● 断るときははっきりと

　こうした被害に遭わないようにするためには，あいまいな断り方をせずきっぱりと「契約しません」と断ることがポイントです。

　トラブルになったり，つけ込まれる断り方としては，次の〈例〉のようなものがあります。こうした対応はとらないようにしたほうが安全です。

　〈例〉

「結構です」「いいです」

「今忙しいので……」「考えさせてください」「お金がない」など

　　　　　　　後日「今ならいいですか」「考えていただけましたか」など
　　　　　　　としつこく電話をかけてくる危険があります。

乱暴な態度……「態度が悪い」「上司を出せ」「上司に言いつける」などと因
　　　　　　　縁をつけられることがあります。きっぱりと，しかし丁寧に
　　　　　　　対応すること。

● トラブルへの対処法

　契約を断ったのであれば，契約は成立していませんから，その旨を手紙など

証拠に残る形で出します。

　電話勧誘販売にはクーリング・オフ制度がありますから，念のため「仮に契約が成立していたとしても，クーリング・オフします」とつけ加えておくとよいでしょう。

5　契約書面の交付方法

> **Q**　電話勧誘販売の場合には，契約締結後には「契約内容を明らか
> にした書面」を消費者に交付すべき義務付けがされているという
> ことですが，この書面はどのような方法で交付されていますか。直接，事
> 業者から手渡しされないと，見落としたりしないか心配です。

●訪問販売の場合との違い

　契約の内容を明らかにした書面を消費者に交付しなければならないとする規制は，訪問販売の場合と同様です。訪問販売の場合には，セールスマンと消費者は，直接対面しているので，消費者は，自分が申込書や契約書に署名捺印をして契約の申込みや締結をしています。そして，その場で，複写式になっている書類の1枚を控えとして渡すのが，書面の交付の方法として一般的です。

　ところが，電話勧誘販売の場合には，事業者は電話の向こう側で話をしているわけで消費者の前にいるわけではありません。

　そのために，法律の制度としては全く同じですが，実際の「書面はどのような方法で消費者に渡されるのか」という場面では，大きな違いが出てきます。

●実際の運用

　通常は，購入した商品と一緒に送ってくる，という場合が多いようです。別途郵送してくるケースもあります。

　ここで交付された書面を消費者が実際に受け取った日が，クーリング・オフ期間を算定する場合の起算日になります。事業者にとっても，消費者の手元に届いたのがいつなのかを確認する必要があるため特定記録郵便や書留などで送ってくることもあります。

●記載事項

　訪問販売と同じです。

6　ファックスで申し込んだ場合

> **Q**　事業者から電話がかかってきて，一生使えるビジネス教材と情報提供サービスの契約の勧誘をされました。キャンペーン期間なので本日中に申し込めば割引きになると，すぐにファックスで申込みをするようにせかされ，ファックスで「申し込みます」と通知をしました。
>
> 　翌日考え直して断りの連絡をしたら，「自分でファックスで申込みをしたのだからキャンセルできない」と拒否されました。やめることはできないものでしょうか。

●電話勧誘販売の要件は

電話勧誘販売であるためには，次の要件が必要です。

① 事業者が電話で勧誘すること（目的を偽ったり，特別に有利だといって消費者に電話をかけさせる場合も含む）。

② 消費者が通信手段で申し込むこと。

③ 契約内容が，適用除外取引ではないこと。

この事例では，事業者から電話をかけてきて勧誘し，消費者がファックスで申込みをしています。契約内容は，ビジネス教材と情報提供サービスです。

●事業者の反論は間違い

事業者は，勧誘電話での申込みではなく，自分からファックスで申込みをしたのだから，電話勧誘販売ではないという主張をしています。

ポイントは，第1に，電話での勧誘により消費者が契約の申込みをする意思形成をしたこと。第2には，事業者の担当者などと直接対面することなく通信手段で申込みをしているという点です。

この事例は，事業者が電話で勧誘を行い，この勧誘電話に基づいて消費者が通信手段の一方法であるファックスで申込みをしていますから，電話勧誘販売の要件を満たしています。

7 電話勧誘で書面をもらっていない──クーリング・オフのポイント

> **Q** 事業者から，職場に勧誘電話があり，資格取得教材を購入する
> 契約をしました。2週間後に教材が送られてきましたが，内容を
> 見たら説明を聞いて期待していたものとは全く違うものだったので，買う
> 気がなくなりました。事業者からは，何の書類ももらっていません。
> こういう場合には，契約をやめることができますか。

● **書面不交付とクーリング・オフ**

電話勧誘販売なのに，事業者から契約書面の交付がされていないという場合
です。

電話勧誘販売では，8日間のクーリング・オフ制度が設けられています。クー
リング・オフ期間は消費者が申込書面か契約書面を受け取ったいずれか早い
日を1日目として計算します。書面が交付されていなければ，クーリング・オ
フ期間は経過していないので8日を過ぎていてもクーリング・オフをすること
ができることになります。

● **もらった書面の記載が不十分**

契約書面はもらっていても，その記載内容が不十分な場合もクーリング・オ
フ期間は始まりません。記載事項は訪問販売と同じです。第2章Q12を参照し
てください。

● **クーリング・オフは訪問販売と同様**

電話勧誘販売の場合のクーリング・オフ制度は，訪問販売の場合と同様の内
容とされています。詳しいことは，第1章Q6と第2章Q8およびQ9を参考
にしてください。

8　過量販売

> **Q**　祖母が健康食品を大量に買い込んでいます。事情を聴いたところ，販売業者から勧誘電話が繰り返しかかり，断りきれずに買わされ続けているようです。1人暮らしの祖母には到底飲みきれる量ではなく，手もつけずにたまり続けています。対処法はありませんか。

●はじめに

　高齢者などを狙って電話勧誘販売で，同種の商品を通常必要とする量をはるかに超えた非常識な分量を契約させるケースが多発し，社会問題となっています。訪問販売で問題となった次々販売などと同じような問題です。判断能力や交渉力が低下した高齢者が狙われて被害に遭うケースが問題となっています。

●過量販売規制

　そこで，電話勧誘販売にも訪問販売と同様に過量販売の規制が導入されています。消費者に対して，その消費者が日常生活において通常必要とする分量を著しく超える分量の契約を締結させることを禁止するとともに，その契約を締結した日から1年間は契約の解除ができます。解除した場合の清算方法は，クーリング・オフ制度と同様です。

　電話勧誘販売の過量販売解除制度は，訪問販売と同じ仕組みですが，念のために下記に要点を整理しておきましょう。

●過量販売のパターン

　過量販売のパターンには大きく分けると3種類あります。

①　一度に大量に契約させる。

②　同一業者が次々と契約させ，累積量が非常識な分量になる。

③　さまざまな業者が次々と同種の商品を販売し，その累積量が非常識な分量になる。

●解除できる範囲

　一度に過量に契約させた場合には，その契約全体を解除できます。

　次々販売の場合には，「この契約をすることによって過去の取引も含めて過量になる」その契約以降の契約を解除できます。過量に達する以前の契約は解除できません。

　解除できる期間の1年間は，解除する契約を締結した日から計算します。

9　勧誘にウソがある

> **Q**　　職場に電話がかかってきて，ある国家資格の教材を，これで勉強すれば合格確実だと勧誘されました。それほど良い教材ならやってみようと契約しました。
>
> 　届いた教材は，30万円もするのに量が多いだけで内容は粗末なものでした。商品が届いたのがクーリング・オフ期間経過後なので，やめることはできませんか。

●取消制度の導入

　クーリング・オフ期間が経過していても，勧誘の際にウソがあれば，ウソとはっきりわかり，かつ契約を取り消すことができることを知ったときから1年間は取消しできます。

●取消事由

　電話勧誘販売の場合の取消事由は，契約の勧誘の際に重要事項に関して事実と異なる説明をした場合（不実告知）と，重要事項について業者は知っているのに説明しなかった場合（不告知）の2つが原因で，消費者が業者の説明どおりと誤認して契約したことです。不実告知の場合の重要事項は，①商品の種類・性能・品質・サービスの種類など，②販売価格や対価・その支払時期と方法，③商品の引渡時期やサービスの提供時期，④クーリング・オフなどの契約解除に関すること，⑤消費者がその契約を必要とする事情に関すること，⑥そのほか契約に関することで消費者の判断に影響を及ぼすこととなる重要な事項です。不告知の場合の重要事項は，①から④までです。

●この事例の取消事由の有無

　この事例では，販売する教材の質や効果について「この教材で勉強すれば絶対合格する」と説明しています。具体的なセールストークを整理したうえで，指摘のように商品の品質や使用効果についてのこの説明が客観的な事実と異なっていたのであれば，契約を取り消すことができます（第1章Q7参照）。

10 自分から電話して勧誘された

> **Q** 「特別有利なお話があります。ただちに御連絡ください。」という ハガキを見て電話をしたら，ビジネス教材の勧誘でした。断り きれずに契約しましたが，冷静になって考えてみると，必要ありません。
>
> 早まったと反省しています。自分から電話をかけているのでやめること はできませんか。

●どのような目的で電話をしたのか

特定商取引法では，「政令で定める方法で（消費者に）電話をかけさせ，」その電話で勧誘した場合も「電話勧誘販売」として規制対象とすると定めています。事業者に脱法行為をさせないためです。

2022年12月現在，政令では次の2つの方法について定めています。

① 電話，郵便，信書便，FAX，電報，ビラ，パンフレットまたはメールなどで，当該売買契約または役務提供契約の締結について勧誘するためのものであることを告げずに電話をかけることを要請すること。

② 電話，郵便，信書便，FAX，メール，電報などにより，他の者に比して著しく有利な条件で当該売買契約または役務提供契約を締結することができる旨を告げ，電話をかけることを要請すること（当該要請の日前に当該売買または役務の提供の事業に関して取引のあった者に対して要請する場合を除く）。

①は販売目的を隠して電話をかけさせる場合を指し，②は特別な有利性を強調して電話をかけさせる場合を指しています。

消費者が，自分から電話をした場合でも，上記のいずれかに該当する場合には，電話勧誘販売に該当します。

●この事例では

この事例の場合には，事業者は，「資格取得講座の契約を勧誘する目的」であることを隠して電話をかけるよう要請しています。

したがって，電話勧誘販売としての法律規制が及びます。

11　あやしい投資話──特定権利と役務取引

> **Q**　勧誘電話で「お墓が少なくなってニーズが高まっている。お墓の利用権を購入すれば高く売れて有効な資産形成になる。」とすすめられました。こういう取引にはクーリング・オフ制度の適用はありますか。

● あやしい投資のいろいろ

　電話で勧誘してくるあやしい投資の話は多様化しています。1990年代に出始め，2000年以降一段と多様化しています。お墓の利用権，有料老人ホームの利用権などの施設利用権のほか，未公開株，社債，各種のファンド（集団投資スキーム），水や鉱物等の採掘権，CO_2排出権，医療機関債，イラクディナールやスーダンポンドなど発展途上国の外国通貨，暗号資産（仮想通貨）などさまざまです。中には実態のない詐欺的なものもあります。

● 特定商取引法の適用の有無

　「あやしい投資」の取引は，電話で勧誘して契約書等のやり取りは郵送・FAX などでのやり取りというものが多く，取引方法としては電話勧誘販売に該当するものが多くみられます。

　あやしい投資話の中には，金地金，美術品，仏像などの商品売買のかたちをとるものがあります。この場合には，電話勧誘による商品の売買ということで，特定商取引法の電話勧誘販売の規制対象です。

　ところが，未公開株，社債，お墓や老人ホームの利用権，外国通貨，暗号資産などになると役務取引か，権利の売買か，権利の売買とすると特定権利か，という問題がおこります。

　CO_2排出権取引のいくつかについては，契約書によると，権利の売買ではなく，権利の売買の仲介契約となっていることから，役務取引であるとして特定商取引法違反で業務停止命令をしたケースがあります。

●2016年改正法

　以上のように，電話勧誘販売取引では，さまざまな「権利」などに関する被害が激増していたことから，2016年改正で，従来の「政令指定権利」のみを対象とする制度を改正して，「特定権利」に拡大しました。あわせて，「役務」の解釈も明確化しました。

　特定権利とは，「未公開株式や合同会社等の社員権，社債等の金銭債権，政令で指定する施設利用権や役務の提供を受ける権利」です。具体的な内容は第2章Q4を参照ください。

　金融商品登録業者（証券会社等）以外の業者との未公開株式，社債等の契約は，電話勧誘販売による取引であれば，特定商取引法の電話勧誘販売の規制対象になります。

　暗号資産や外国通貨の取引も，同様に資金決済法による登録業者ではない無登録業者との取引であれば役務取引として規制が及びます。

　したがって，これらの取引については，書面交付などの行為規制・行政処分，クーリング・オフ制度などの適用があるわけです。

●お墓の利用権など

　事例のお墓の利用権は特定権利ではないので，電話勧誘販売の規制はありません。ただし，自分で権利を使うために取引したのではなく，資産運用としての取引（つまり，安く買って高く転売する取引）であれば，資産の運用という役務取引であり，規制対象になります。

12　遠方の裁判所に訴えを起こされた

> **Q**　電話勧誘販売による契約をクーリング・オフしたら，業者は遠
> 方の裁判所に提訴しました。その裁判所から呼出状が来ましたが，
> そんな遠方の裁判所まで出向くのは時間的にも費用的にも大変な負担です。
> 出頭しないと不利になりますか。

●問題の所在

　自分から販売業者の店舗などに出向いて契約をする場合には，相手の店の所
在地がわかっているので，このようなことはあまり起こりません。

　しかし，電話勧誘販売の場合には，相手の店などに出向くわけではないし，
消費者自身が相手を選んで電話しているわけではないので，どこの事業者であ
るのか意識していないことが普通です。

　しかも，こうした事業者の多くは，契約書の中で「本契約について紛争が生
じた場合の裁判は，本社の本店または支店の所在地を管轄する裁判所で行うも
のとする。」といった趣旨の定めを設けていることが少なくありません。電話
勧誘販売では，消費者は，契約締結前には契約書を確認するチャンスが与えら
れていないことが多いため，こうした定めがされていることを知らないことが
普通です。そのため，この事例のようなことが起こりがちです。

●消費者の争う権利を奪うのは問題

　電話勧誘販売は，事業者から，消費者に対して勧誘電話をかける方法で行わ
れているものです。ですから，事業者は，消費者の住所が，自分の会社とは遠
く離れていることを承知のうえで勧誘しています。

　電話勧誘販売の被害事例などをみると，あえて遠方の消費者ばかりを狙って
勧誘しているのではないかと思われるケースもあります。

　こうしたケースでは，消費者がクーリング・オフや取消しをした場合でも，
事業者の会社のある場所を管轄する裁判所に提訴すると，消費者は，遠方の裁
判所まで出向くことはできないとあきらめて支払いをしてしまう，ということ
が少なくないのではないかと思われます。

　このようなやり方は，実質的に消費者の「裁判で争う権利」を奪うもので，大きな問題です。

●裁判に欠席するとどうなるか

　裁判期日に被告（裁判を起こされた相手方のことです）が欠席すると，裁判所は，反論がないからということで原告の言い分どおりの判決をします。これを「欠席判決」と言います。

　民事裁判は，裁判所が双方の言い分を聞いて結論を出すための手続です。呼出しは，「あなたに言い分があれば，この期日に聞きます」という意味です。この日に欠席すれば，言い分がないとして取り扱われてしまいます。

●移送の申立てができる

　民事訴訟法では，このような場合には，被告である消費者が「争うので自分の住所地を管轄する裁判所に移送してほしい」という移送の申立てをすることができることとなっています。電話勧誘で契約したものであること，契約の成立やクーリング・オフなどについて争うつもりであること，などの詳しい事情を説明して申し立てます。

　こうした事情が認められれば，通常は，裁判所は移送の申立てを認めて消費者の住所地の裁判所に事件を移送してくれます。

　そのうえで，裁判所に出頭して自分の言い分を十分主張してください。

第**5**章

「連鎖販売取引」をめぐる
トラブル事例と対応の仕方

　マルチ商法とかネットワークビジネスと言われる消費者参加型
ビジネスがさかんです。特定商取引法ではマルチ商法を「連鎖販売
取引」として規制しています。

　この章では，消費者自身が販売員としてビジネス参加をし，販売
員を増やしてゆくいわゆる「マルチ商法」による事例を取り上げて
消費者保護の規制について紹介します。

124

1 マルチ商法とは

> **Q** マルチ商法については，法律による規制があると聞きました。規制されているマルチ商法とは，どういうものなのでしょうか。

● マルチ商法とは

マルチ商法とは，1960年代にアメリカから入ってきた「マルチレベルマーケティング・プラン（MLM）」の略称です。

「MLM」とは，多重階層に販売組織が段階的に発展してゆく組織販売を指したものです。つまり，消費者が販売員としてその販売組織に参加をし，さらに自分の下に販売員を勧誘することによってピラミッド状に販売組織を発展させてゆく，というものです。

● マルチ商法による被害

マルチ商法では，販売員が増加し続けることによって参加した者に利益が入ってくるという点に特徴があります。

しかし，販売員が増加し続けることは不可能です。

1960年代には，マルチ商法による被害が多発して社会問題となりました。正業をやめてしまって販売員の獲得に狂奔した結果，経済的に破綻し，家族関係が悪化し，友人なども失い，莫大な負債を抱えて離婚や自殺に至るなどの被害が多発したのです。学生の被害も多発しました。

● 連鎖販売取引の規制の考え方

特定商取引法では，マルチ商法を連鎖販売取引として規制しています。

ただし，マルチ商法と連鎖販売取引とでは，適用範囲の要件の考え方が違っているので注意が必要です。マルチ商法は，販売組織全体がどういう組織になっているか，という点に注目した考え方です。

しかし，連鎖販売取引の場合には，個別の取引ごとに要件を満たしているかどうかを問題にしています。つまり，販売組織全体がマルチ組織であるかどうかは問題にせず，個別の消費者の契約が要件を満たしていた場合には，連鎖販

売取引として規制しています。

●連鎖販売取引の要件

連鎖販売取引に該当するためには，次の要件を満たしている必要があります。

① 事業者が物品の販売・有償のサービスの提供を業とするものであること。

すべての商品，会員権（権利）の販売（これを物品の販売という），すべての役務（サービス）の有償での提供を業とするものが適用対象とされています。

② 組織に入った消費者（販売員）の立場は，再販売，受託販売，販売のあっせんをする者のいずれの立場になるものでもよい。

販売員が，上部会員や本部から代金を支払って仕入れをして販売するというやり方でも（再販売型），委託販売員になる場合でも（受託販売型），契約する顧客を紹介すると紹介料がもらえる場合でも（あっせん型），すべて対象になります。

③ 特定利益が得られると言って誘引すること。

④ 特定負担を伴うこと。

販売員になる場合あるいは販売員の条件変更の場合に，なんらかの経済的負担があることです。負担金額がいくらかは問いません。

⑤ 事業者から物品・役務（サービス）の提供を受ける取引をすること。

⑥ 店舗等によらない個人が契約する場合であること。

消費者保護の制度であるためです。

●特定利益とは

この商法のポイントは，勧誘する場合に「特定利益が得られる」と言って誘う点です。

特定利益とは，次の３種類です。

① 卸売り利益

② 販売員を獲得すると得られる「リクルートマージン」

③ 自分の下の販売組織員の売上げについて歩合収入が得られるいわゆる「スリーピングマージン」

　特定利益は，自分の下に販売員を増やすことによって得られるものなので，商品の販売よりも販売員獲得のインセンティブになります。小売り利益は含まれません。こうした商法のあり方を「人狩り商法」などと言います。儲けたいために販売員を増やすことに夢中になるのは健全な経済活動とは言えません。

　販売員が増加し続けることを求めれば，組織はいずれ破綻することは明らかです。こうした販売組織のありよう自体に無理があるわけで，こうしたところに，このビジネスの危険性があると言えます。

●特定負担とは

　特定負担とは，入会して販売員になるための金銭負担です。入会するために購入する物品や役務（サービス）の対価が典型的なものですが，それ以外の名目のものもすべて含まれます。たとえば，保証金，加盟金，入会金，手続費用，事務費用などの名目のものも特定負担です。

2　連鎖販売取引の規制の概要

> **Q**　マルチ商法に関する消費者保護のための法律規制にはどのようなものがありますか。

●規制のポイント

連鎖販売取引の規制も，特定商取引法の他の規制と同様に，マルチ商法自体の禁止や開業規制はしない立場をとっています。そして，事業者に対して，守るべきルールを定め義務付けました。基本的な考え方は書面などによる情報の開示を義務付け，消費者に選択のチャンスを与えるというものです。

さらに，強引な勧誘や勧誘のとき嘘をつくといったケースが多いことから，過去に多発して社会問題となった不当な勧誘行為などを禁止しています。

これらの規制に反した場合には，国および都道府県による行政処分の対象となります。部分的に，罰則の定めも設けられています。

●規制の概要

連鎖販売取引の規制の概要は次のとおりです。

①　広告の規制・電子メール広告の規制

　　広告をする場合には記載すべき事項を義務付けています。誇大広告は禁止です。広告・勧誘メールを相手の同意なく送信することは禁止です。

②　勧誘に先立って，事業者の名称，担当者の氏名，特定負担を伴う取引の勧誘目的であること，商品等の種類を明示すべきこと。

③　勧誘目的を隠して，同行したり呼び出して公衆の出入りしない場所で勧誘する行為の禁止。

④　不当な勧誘行為，クーリング・オフ妨害行為の禁止。

⑤　契約前に事業者は消費者に概要書面を交付する義務がある。

⑥　契約後，事業者は遅滞なく消費者に契約書面を交付すべき義務がある。

⑦　⑥の書面交付の日から20日間のクーリング・オフ制度がある。

　　ただし，再販売取引（本部などから仕入れをして，下部の会員に卸売りするタイプ）のときには，契約書面の交付か商品が引き渡された日か，い

　　ずれか遅い日から20日間。

⑧　クーリング・オフ妨害があったときにはクーリング・オフ期間が延長される。

⑨　勧誘時に重要事項の不実告知，不告知があったときは追認できるときから1年間取り消すことができる。

⑩　クーリング・オフ期間経過後の中途解約と返品制度が認められている。

⑪　違反した場合には，行政処分の制度がある。

　　行政監督の権限は，国と都道府県にあります。

⑫　物品の購入などのために個別クレジット契約を利用している場合には，事業者に対するクレームが発生した場合には，そのクレームを理由にクレジット会社に対して支払停止ができる。

●被害防止のためのポイント

　消費者被害防止のために最も有効な規制部分は，書面交付義務とクーリング・オフ制度です。

　契約を締結する前の段階で，事業者は，会員になろうとする消費者に対して「連鎖販売取引の概要」を記載した書面を交付しなければなりません。消費者は，契約前に概要書面で取扱商品などや仕組みを確認したうえで，契約するかどうかを決めることができるわけです。

　契約締結後には，事業者は，消費者に契約内容を記載した書面を交付しなければなりません。消費者は，契約書を読んだうえで考え直した場合には，20日間はクーリング・オフできます。

　連鎖販売取引は，複雑でわかりにくく経済的な損失を被る危険性のある取引であることから，契約締結前と契約締結後の両方に書面の交付を義務付けています。契約にあたっては，書面で内容を十分吟味するようにしてください。

3　ネズミ講とマルチ商法の違いは

> **Q**　友人に誘われたり，SNS などで「友人を誘えば儲かる」話を
> よく見ます。この種の話には，ネズミ講とマルチ商法とがあるよ
> うですが，どう違うのですか。

●ネズミ講の規制

　連鎖販売取引は，禁止されているわけではなく，特定商取引法で定めた法律規制を守りさえすれば，誰でも行うことができます。

　一方，ネズミ講は，「無限連鎖講の防止に関する法律」で全面的に禁止されています。ネズミ講を主催することはもちろん，勧誘することも，参加することも禁止されています。主催したり，勧誘したりすることは，犯罪として刑事処罰されます。

　そのために，勧誘されて会員になった消費者が，まわりの人を勧誘したために，「無限連鎖講の防止に関する法律」違反で刑事摘発されるなどという事件が発生しています。

●ネズミ講とは

　無限連鎖講の防止に関する法律では，ネズミ講（法律上は「無限連鎖講」という）について，次のように定義しています。

①　金品を出捐することにより会員になれる金銭配当組織であること。

　　金品とは，金銭だけではなく，財産権を表象する証券または証書（たとえば，印紙や国債など）も含まれる。

②　2以上の倍率で後続の会員が増加するものであること。

　　つまり，会員になった者は自分の下に2人以上の会員を勧誘する必要があるということ。

③　先順位の会員が後順位の会員の出捐する金品から，自分の出捐した金品の価格または数量と同じかそれを上回る金品を受領することを内容としていること。

簡単に言えば，金品を支払って組織の会員となり，自分の下に2人以上の会

員を獲得することによって，自分が会員になるために出した金品以上の利益が
あがるシステムの金銭配当組織が，ネズミ講ということになります。

● マルチ商法との違い

　マルチ商法との最も大きな違いは，ネズミ講は単なる金銭配当組織であると
いうことです。

　マルチ商法は，商品などを販売する組織がピラミッド状に増えてゆくという
ものです。つまり，商品などを販売するという業務を行うための組織です。

　しかし，ネズミ講の場合には，会員同士が金品を送り合うだけで，商品など
の販売は行っていません。商品販売組織という名目はあるものの，商品販売の
実態がない場合には，ネズミ講の危険があります。

　ネズミ講は犯罪として禁止されているために，ネズミ講であることをカモフ
ラージュするために一見商品販売組織であるかのように装う悪質業者もありま
す。どのような商品を取り扱っているのか，販売業務はどのように行われてい
るのか，仕入れはどうなっているのか，商品の在庫などはどうなっているのか，
などをきちんと把握すれば，区別することが可能であると考えられます。

　販売員になろうとする以上，販売する商品についてプロとしての知識が求め
られます。自信をもって販売できる商品かを見きわめたうえでビジネス参加を
考える姿勢が重要なのです。単に，「自分が会員になって，友人などをさらに
会員に勧誘すれば儲かる」というだけでは，区別することは難しいので，避け
たほうが安全であると言えます。

4　特定負担について──契約書には入会費用の記載がない

> **Q**　浄水器を販売するビジネスをしないかと誘われて説明会に行きました。ビジネスに参加するためには，保証金と販売する浄水器を自分で使ってみるために1台購入する必要があると説明していました。ビジネスの中身は，浄水器の販売ですが，自分の下に販売員が増えていけば，その販売員の売上げからも歩合が入るシステムのようです。
>
> 　ただ，会場で示された契約書を見ると，「ビジネス参加をする」ということや参加した場合に本部の誹謗をしたりした場合には除名されるとか，歩合収入の仕組みなどは書いてあるのですが，ビジネス参加のための経済的負担についての記述はありません。
>
> 　こういう場合にも，クーリング・オフなどの適用はあるのでしょうか。

●特定負担とは

　Q1の説明で触れたように，連鎖販売取引で販売員になるために負担をしなければならない「経済的（金銭的）な負担」のことを「特定負担」と呼びます。

　特定負担が1円でも伴えば，連鎖販売取引としての規制が及びます。

　連鎖販売取引に関する概要書面や契約書面で，会員になるための経済的負担が明記されていれば，特定負担の要件を満たしていることは明らかです。

　たとえば，概要書面や契約書面に，「入会金　金○万円」とか「商品代金　金○○万円」「研修費用　金○○万円」などと記載してあれば，特定負担の要件を満たしていることがわかります。こうした事項は，法律でも「特定負担に関すること」として概要書面と契約書面にどういう名目のものがいくらかかるか具体的に記載しなければならないと定めています。適正な販売活動をしている事業者なら，書面には明記しているはずです。

●特定負担が書面上の条件ではないとき

　しかし，現実に販売員になってビジネス参加するには経済的負担が必要なのに，契約書面などには何も記載していないケースがあります。

　こういう場合の事業者の言い分は，「契約書などでは販売員になる場合の経

済的負担は契約内容としていない。だから，特定負担はないわけで，連鎖販売取引には該当しない」「販売員になる契約と商品の購入は別々の契約だ」などというものです。こうした主張のもとで，連鎖販売取引の概要書面や契約書面の交付をしなかったり，クーリング・オフ制度を拒絶したりします。

　このように，実際にビジネス参加するためには金銭的な負担が必要なのに，契約書などには記載されていない場合にはどう考えればよいのでしょうか。

●「伴う」という意味

　特定商取引法では，「特定負担が伴うこと」を特定負担に関する要件として定めています。「伴う」というのは，実際の取引の際に，販売員になるために経済的負担が「事実上ある」という意味です。契約書でどう定めているかで判断するのではなく，個別的な現実の取引の場合に，経済的負担があるのかどうかを問題としているという意味です。

　したがって，契約書などには明記されていなくても，現実に，販売員になるためには経済的負担があったのであれば，連鎖販売取引として規制対象になります。

●特定負担のすべての記載がないとき

　もし，契約書面の交付がなかったり，特定負担に関する記述がないのであれば，契約から20日以上が経過していてもクーリング・オフが可能です。

　契約書面には，特定負担については，名目・金額・その合計金額のすべてを記載する義務があります。特定負担の一部の記載がないときにも，契約書面の記載内容に不備があるということになり，その書面の受領日はクーリング・オフの起算日にはなりません。

5　友人を販売員に誘えば儲かる──特定利益・1

> **Q**　　知人から健康食品の購入を勧められました。会員になると会員価格で購入できて得なうえに，友人を誘えば確実な収入になる，3か月も頑張れば以後は自動的に毎月5万〜6万円の収入が入ってくるようになると勧められました。商品を購入すれば会員になることができるそうです。副収入になるならやってみたいのですが…。

● **特定利益**

連鎖販売取引に該当するためには，

① 　事業者が物品・役務（サービス）などの販売を業とするものであること。

② 　加入した消費者の販売等の業務が紹介販売でも対象になること。

③ 　特定負担を伴うこと。

④ 　特定利益が得られるとして誘引すること。

⑤ 　事業者との取引で物品・役務（サービス）の提供があること。

⑥ 　店舗等によらない個人が参加するものであること。

が必要とされます。

　特定利益とは，Q1で説明したように，大まかに言えば，販売員を増やせば増やすほど儲かる利益を指し，その典型的なものが，スリーピングマージンとリクルートマージンと言われるものです。小売り利益は特定利益には当たりません。

● **リクルートマージン**

　このケースでは，「販売員は，友人を誘えば収入になる」と勧誘しています。友人を勧誘して販売員にすれば利益が得られるという意味なら典型的な特定利益に該当します。

● **スリーピングマージン**

　ついで，「3か月も頑張れば，自動的に毎月収入が入ってくるようになる」と勧誘しています。つまり，「3か月頑張って自分の下にたくさんの販売員が

組織できれば，下部組織の販売員の活動から自動的に収入が入ってくるように
なる」という意味だと思われます。

　下部の会員が販売員をリクルートした場合に収入が入るシステムなのか，下
部会員が小売りをした場合に上部の会員にマージンが入る仕組みなのか，これ
だけの説明ではわかりません。特定利益の説明が不十分です。こうしたことは，
概要書面に記載しなければならないとされていることですから，確認するため
には概要書面の交付を受ける必要があります。

　どちらにしても，これらはいわゆるスリーピングマージンと言われるもので，
特定利益に該当します。印税的収入とか，自分が働かなくても自動的に収入が
あると言われたら「特定利益」の一種だと考えられます。

●連鎖販売取引の場合

　以上の点から，前記①～⑥の要件を満たしているので，この取引は，連鎖販
売取引と考えられます。概要書面で取引の仕組みや販売する取扱物品等，特定
負担や特定利益について確認し十分吟味をしてリスクも考慮のうえで決める必
要があります。

　ビジネスである以上，誰でも簡単に儲かるとか，自動的に毎月一定の収入が
得られるなどということはありえません。誇大な説明か，あくまでも見込みに
過ぎないことを断定的なことのように説明しているのではないかと思われます。

　勧誘段階で事実とは異なる説明をするような取引には参加しないほうが安全
です。勧誘しているのが友人であっても，契約した責任を取るのは自分である
ことを忘れないようにすべきです。

6 ネットワークビジネス──特定利益・2

> **Q** 大学のサークルで「最近はやりのネットワークビジネス」に参加しないかと勧められました。1万円程度で参加でき，知人などに声をかけて人間関係のネットワークでビジネスを広げるものと言います。良質で環境にもやさしいさまざまな商品を広げる活動の一環と説明されました。世の中のためになり，収入にもなる新しいビジネスだと言うのですが，どんなものでしょうか。

●ビジネスの中身の確認を

これだけでは，いったいどのようなものなのかを判断することは難しいでしょう。ビジネスの具体的な内容を確認する必要があります。

確認すべきポイントとしては，

① 販売する商品の内容や価格

② 販売員の活動内容（具体的に何をするのか）

③ 販売員になるための経済的負担（特定負担）

④ 販売員の収入の具体的な内容や計算方法（特定利益）

⑤ 統轄本部はどこのなんという会社か（統括者）

といったことが考えられます。これらの点を，最低限確認する必要があります。

●概要書面で確認を

これらは，知人からの口頭の説明だけではなく書面による資料で客観的に確認する必要があります。ビジネスに参加しようとする以上，あいまいな情報だけをたよりに選択するのは大変危険です。

いわゆるネットワークビジネスとは，人間関係を利用して販売組織を広げていくといったイメージで用いられるようです。こうして販売員を増やすことによりリクルートマージンが得られ，自分の下の販売組織の販売実績からマージンが得られるシステムという場合には，典型的な連鎖販売取引です。

そうであれば，「誰でも儲かる」わけでもないし，「簡単に儲かる」はずもなく，「自動的に収入が入ってくる」ようなビジネスではありません。ビジネス

参加しても，取扱商品が良質で適正な価格であることはもちろん，ビジネス参加した当人によほどのセールス能力がない以上は利益は得られないものと考えるべきです。

　むしろ，連鎖販売取引であれば，継続的な利益が得られるためには販売員が増加し続けることが必要なので，利益が得られ続けることはほとんど困難であると考えられます。

●いかにも手軽で儲かるような勧誘には注意を

　世の中に，誰がやっても手軽に儲かるようなビジネスはありません。ビジネスである以上は，利益が得られない危険は伴います。損失を被るリスクのない手段で収入を得たいのであれば，固定給の会社員やパートなどになるべきです。それでさえ，勤務先が倒産すれば失業する危険は伴うわけですから。

　「誰でもできる。確実に儲かるような話だから，説明会だけでも」と説明会に勧誘するというやり方には注意をする必要があります。説明会までは，具体的な説明もなく資料もくれない場合には，いっそう要注意です。

　連鎖販売契約の締結について勧誘をする目的を告げないで同行したり呼び出したうえで公衆の出入りしない会場に連れて行って勧誘する行為は犯罪として禁止されています（3年以下の懲役または300万円以下の罰金もしくは併科）。「確実に儲かる」とか「誰でも儲かる」というセールストークも，同様に禁止されています。知人に勧められた場合でも，法律に違反した勧誘には耳を貸さないようにすべきです。内容をよく理解できていない状態で断りきれない雰囲気で契約を迫られる危険があるためです。

7　広告を見るとき──広告に表示すべきことは

> **Q**　雑誌を見ていたら，ある商品の紹介販売の広告が出ていました。主婦でも気軽に参加できると言ううたい文句。品質のよい生活用品をクチコミで広げてゆくネットワークビジネスと説明されていました。どんな点に注意して広告をチェックしたらよいでしょうか。

●連鎖販売取引か

これだけでは，連鎖販売取引かどうかは，判断がつきません。

連鎖販売取引であるためには，要約すれば

① 　物品などの販売を業とするものであること。

② 　販売方式は紹介販売でも対象になること。

③ 　特定負担を伴うこと。

④ 　特定利益が得られるとして誘引していること。

⑤ 　事業者から取り扱う物品等を購入して販売員になること（この代金が特定負担になる）。

⑥ 　店舗等によらない個人が参加するものであること。

が必要とされます。

このケースの場合には，①③④⑤⑥の要件がはっきりしません。

販売員になるための経済的負担の有無と内容，利益はどのように得られるか，説明がありません。また①の，どんな商品かという点もイメージ先行で具体的な内容がわかりません。これらは，ビジネスに参加するかどうかを決めるためには重要なものです。

●広告規制

連鎖販売取引の規制では，広告について２種類の規制があります。

第1に，連鎖販売取引についての広告をする場合には，広告に表示しなければならない事項が法律で定められています。つまり「あなたも販売員になりませんか」「ビジネスをしてみませんか」という広告をする場合には，一定の事項を広告に明記しなければならないのです。

第2に，誇大広告は禁止されています。

●広告記載事項

　広告には下記の事項を表示することが義務付けられています。いずれかの記載がない場合や，はっきりしない場合には信用しないことです。利益の具体的な計算式や計算根拠の記載がない場合には信用してはいけません。

①　統括者や勧誘者などの広告の責任者の名称，氏名と住所
　　統括者（ビジネスの主催者）の表示は必ず必要です。

②　取り扱っている物品やサービスの種類

③　特定負担の内容つまり販売員になるための経済的負担の内容

④　「儲かる」という表示を広告でする場合には，具体的な計算式を示して，利益の概要の説明をする必要があります。また，具体的な収入額を表示する場合には，多数者の得ている金額を記述して，利益の見込みを正確に理解できるように説明する必要があります。

●誇大広告の禁止

　広告をする場合には，誇大広告は禁止されています。

　取り扱う物品やサービスの品質などに関する誇大広告は禁止されています。

　収入やビジネス参加するための経済的負担や利益に関する記述も，「多数を占める数値」を記述すべきとされています。特異な例をいかにも一般的であるかのように表示する行為は，誇大広告として禁止されています。

　広告規制違反には，行政処分だけでなく，処罰の定めもあります。

●勧誘メールも広告

　マルチ商法では勧誘メールもよく用いられます。勧誘メールも広告に該当します。表示事項が不十分なメール，誇大な内容のメールは相手に送信してはいけません。

　自分が入会してから知人に勧誘メールを送信する場合にも広告規制が及ぶので，十分留意する必要があります。また，相手の同意を得ないで広告・勧誘メールを送ることは禁止されています。

8 概要書面のチェックポイント——勧誘された場合のチェックポイント

> **Q** 連鎖販売取引では概要書面の交付義務があるということですが，これは何のために交付されるものですか。どんなことが記載されているのでしょうか。チェックポイントを教えてください。

●消費者に対する情報提供

概要書面は，契約を締結する前に事業者が消費者に交付しなければならない書面です。契約をするかどうかを選択するために必要な情報を，契約締結前に書面を交付する方法で消費者に提供すべきことを，事業者に義務付けたものです。

口頭での説明だけでは不十分だったり，不正確だったりすると，消費者は，適切に選択できないおそれがあります。そこで，概要書面で取引の内容を確認したうえで，契約するかどうするかを選択できるようにしているのです。

したがって，概要書面には，法律で定められた記載事項が明確に書いてあるというだけではなく，一般の消費者に読みやすく，わかりやすいものになっている必要があります。専門用語などの羅列で，普通の消費者には理解できないようなものでは，書面の交付を義務付けた意味がないと言えます。

●概要書面の記載事項

概要書面に記載すべき事項は法律で定められています。書面の交付がない場合だけでなく，記載事項に不備がある場合や虚偽の記載がされている場合も，行政処分の対象になります。さらに，処罰の対象にもなっています。

記載事項は，読みやすいように8ポイント以上の文字を用いなければならないとされています。また，赤字赤枠で「この書面をよく読むように」と記載することも義務付けられています。

したがって，概要書面を受け取ったら，下記の記載事項がわかりやすく記載されているかをよく読みます。そして，内容が納得できるものかを確認するようにしましょう。

① 統括者（本部）の名称，住所，固定電話番号，代表者の氏名。

② 物品等の種類・性能・品質に関する重要な事項と物品名。

③ サービス（役務）や権利の種類や内容に関する重要な事項。

④ 販売価格，引渡しの時期や方法などの重要な事項。

⑤ 特定利益に関すること。

⑥ 特定負担の内容。

⑦ クーリング・オフなどの重要な取引条件。

⑧ 法律で定めた禁止行為（勧誘などの場合に禁止される行為）。

●禁止行為も記載事項

　後述するように，特定商取引法では，連鎖販売取引の勧誘の際の不適切な行為やクーリング・オフ妨害などを禁止し，行政処分や刑事処罰の対象としています。これらの行為は統括者や勧誘者だけでなく末端の販売員についても禁止され，処罰などの適用もあります。入会してビジネス参加すれば，入会した消費者も勧誘行為をすることになります。そこで，概要書面には，これらの記載もしなければならないものと定められています。

　事業者が勧誘の際に，この禁止行為に違反している場合には，こうした事業者との契約はしてはならないという意味で大切な記述です。それだけではなく，連鎖販売取引を行うというのは，自分もビジネス参加して活動をすることになるわけですから，記載された禁止行為をしてはならないという意味でも正しく理解しておく必要があります。こうした点から二重に大変重要であると言えます。

9　契約書面のチェックポイント

> **Q**　連鎖販売取引の契約書面で確認すべきことを教えてください。

●クーリング・オフの起算日

　契約した場合には，事業者は，遅滞なく契約書面を消費者に交付しなければなりません。この契約書面を受け取った日を1日目としてクーリング・オフ期間の20日間が起算されることになっていますから，法律で定めた契約書面の交付はきわめて重要なものです。

　契約書面をもらったら，内容を十分確認し，問題があるような場合にはすみやかにクーリング・オフするようにします。

●記載事項

　契約書面には，下記の事項を記載しなければなりません。書面の交付がない場合，記載事項に不備がある場合，虚偽の記載の場合には行政処分や刑事処罰の対象になるのは，概要書面の場合と同様です。また，書面交付がないときや，記載事項に不備や虚偽の記載がある場合には，クーリング・オフ期間の起算日は到来していないことになり，20日を過ぎてもクーリング・オフができます。

① 　商品，サービス，権利の種類，内容，品質，性能などの重要な事項
② 　再販売，受託販売，販売のあっせん（紹介販売）などの販売方法の条件に関する事項
③ 　特定負担に関する事項（名目ごとに金額を記載。合計額も記載する）
④ 　クーリング・オフを含む契約解除に関する事項
⑤ 　事業者の名称，住所，固定電話番号，代表取締役（社長）の氏名
　　　契約相手の事業者と統括者が違うときには統括者の名称・住所・電話番号・社長の氏名
⑥ 　ビジネスをするときに使う商標，商号等
⑦ 　契約年月日
⑧ 　特定利益に関する事項（具体的な計算方法も記載すること）

⑨　特定負担以外の義務がある場合にはその内容

⑩　禁止行為に関する事項（具体的には次項Q10参照）

●ここをチェック

　契約の相手の事業者と統括者（本部，主催者）については注意して確認します。相手が信用できる事業者かどうかは大切なポイントなので，記載内容の確認だけではなく，他の手段でも情報収集しましょう。

　取扱商品などは，自分が販売員として販売するものなので，確認が必要です。商品販売などのビジネスでは，取り扱う商品などが良質で売れるものなのかということは大切なポイントです。ビジネス参加する以上はプロとして販売することになります。自信をもってプロとして説明し勧めることができる商品なのかは，十分検討する必要があります。

　特定負担と特定利益は，ビジネス参加の場合のポイントです。説明と記載内容が同じか，納得できる内容かを検討します。口頭の説明内容と契約書の記載内容が違う場合には，信頼性に問題があります。

　禁止行為の記述も注意しましょう。説明会場で禁止行為に触れる言動などはなかったでしょうか。建前と現実が別，という事業者は信頼できません。あなた自身も禁止行為に触れる行為をしてはなりません。処罰や行政処分の対象になっているので，くれぐれも注意しましょう。

　わざわざ概要書面や契約書面にまで禁止行為について記載させているのは，連鎖販売取引ではこうした禁止行為が行われがちであるためです。自分だけは大丈夫と考えてはいけません。十分注意してチェックしましょう。

10　禁止行為の内容

> **Q**　連鎖販売取引で禁止されている行為とはどういうものですか。また，違反した場合にはどういう処分の対象になるのでしょうか。

●処罰の対象になる行為

　違反があると処罰の対象とされている禁止行為には次のものがあります。処罰は，3年以下の懲役，300万円以下の罰金，または併科です。これらの行為を末端の販売員が行った場合にも対象とされています。この部分は，概要書面や契約書面の記載事項となっています。

　契約の勧誘をするときや，契約の解除（たとえばクーリング・オフの行使）を妨げるために次の行為をすることを禁止しています。

① 　商品など，特定負担，特定利益，その他の消費者の判断に影響を及ぼす重要な事項について事実と異なることを告げたり，事実を知りながら隠すこと。
② 　消費者を威迫して困惑させること。
③ 　契約の締結について勧誘する目的であることを告げないで公衆の出入りしない場所に同行または呼び出して勧誘すること。

●行政処分の対象になる行為

　処罰まではありませんが，違反すると行政処分の対象になる行為として，次のものが禁止されています。ただし，改善指示や業務停止などの行政処分を受けたのに従わない場合には，処罰の対象になります。

① 　債務の履行の全部または一部の遅延（たとえば，クーリング・オフされたのに返金しないときなど）。
② 　その取引により確実に利益が生ずることが確実であると誤解させるような断定的判断を提供して勧誘すること。
③ 　迷惑を覚えさせるような方法で勧誘したり，クーリング・オフなどを妨げること。
④ 　契約の勧誘をするときや，クーリング・オフを妨げるために，上記の処

　罰の対象となる禁止行為を故意に隠したり，隠すようにそそのかすこと。

⑤　契約の勧誘をするときやクーリング・オフを妨げるために，消費者を威迫して困惑させるようにそそのかすこと。

⑥　概要書面や契約書面を交付しないようにそそのかすこと，あるいは法定の記載事項を記載していない書面の交付をするようにそそのかすこと。

⑦　未成年者その他の消費者の判断力の不足に乗じて契約を締結させること。

⑧　契約締結の際に，契約書に年齢，職業などの虚偽の記載をさせること。

● 取消制度

　契約の勧誘の際に重要事項について事実と異なる説明をしたり（不実告知），知っていながら説明をしなかった場合（不告知）であって，消費者が説明を信用して契約をした場合には，消費者は取消しできます。説明と事実とが異なっていることを知り，かつ自分に取消権があることを知ったとき（追認できるとき）から1年間取消しできます。

　重要事項とは，①商品の種類・性能，品質，サービスや会員権の種類とこれらに関する内容，②特定負担に関すること，③特定利益に関すること，④クーリング・オフに関すること，⑤その他の連鎖販売業に関する事項であって消費者の判断に影響を及ぼすこととなる重要な事項，です。

　ただし，統括者，勧誘者以外の販売員が，勧誘の際に不告知に当たる行為をしても取消しはできません。

　取消期間，方法，効果については第1章Q7を参照してください。

● クーリング・オフ期間の延長

　事業者がクーリング・オフ妨害をしたため，消費者がクーリング・オフできなかったときには，クーリング・オフ期間が延長されます。

11 契約書面をもらっていない

> **Q** 友人に誘われてネットワークビジネスに入会しました。お金を払って書類にサインしたら，「親に見つからないように預っておく」と言って，書類を持っていってしまいました。
> 1か月以上たちますが，クーリング・オフできますか。

●契約書面の意味

　契約を締結した場合には，事業者には契約内容を記載した書面をすみやかに消費者に交付すべき義務があります。これは，契約締結後に，もう一度，消費者に契約内容を確認するチャンスを確保しようとするものです。

　そして，この契約書面を交付された日から20日以内であれば，クーリング・オフできるものとしています。契約内容を確認したうえで，契約をやめたいと消費者が考えた場合には，契約を無条件でやめることができるものとしたわけです。

●契約書面をもらっていない場合

　法律で定められた記載事項がすべて記載された契約書面が交付された日を1日目と計算して20日が経過するまでは，クーリング・オフをすることができます。契約書面が渡されていない場合には，契約から20日間以上が過ぎていても，クーリング・オフができます。

●学生に多いトラブル

　この事例のようなものが，学生を対象としたマルチ商法で多く見られます。

　契約書面をもらっていないのですから，クーリング・オフは20日過ぎていても可能です。資料がなくて取引の相手がわからないときには，消費生活センターに相談しましょう。名称・商品，勧誘方法などを説明すると，センターに同種の苦情が多く寄せられていれば，事業者名など助言してもらえる可能性があります。

12　8日間のクーリング・オフ期間しかないと言われた

> **Q** マルチ商法に誘われて，断りきれずに会員になりました。10日後にクーリング・オフの通知をしたところ，「クーリング・オフ期間は8日間。」と言われました。もらった契約書で確認したところ，8日間となっていました。
>
> 契約書でも8日間となっている以上は，8日を過ぎてからのクーリング・オフは認められないのでしょうか。

●消費者に不利な特約は無効

　マルチ商法では，契約書面の交付の日から20日間のクーリング・オフ制度を設けなければなりません。これに反する消費者に不利な特約は無効です。

　したがって，事業者のほうで勝手にクーリング・オフ期間を8日間に短縮することは認められません。

●適正書面の交付はない

　したがって，この事例では，20日間のクーリング・オフ期間があるということになります。

　この事例では，契約書面に「8日間のクーリング・オフ制度がある」旨の記載がされています。しかし，連鎖販売取引では，「20日間のクーリング・オフ制度がある」わけですから，契約書にも「20日間のクーリング・オフ制度があること」を記載しなければなりません。つまり，この契約書面は，特定商取引法で定められた記載事項に不備があることになります。

　結局，不備な契約書面しかもらっていないのですから，書面交付の日から20日が過ぎてしまっているという場合にも，クーリング・オフは可能だということになります。

13　クーリング・オフによる清算の方法

> **Q**　マルチ商法に対するクーリング・オフの方法と，代金の清算や受け取っていた商品の扱いなどの事後処理について教えてください。

●クーリング・オフの通知の方法

　クーリング・オフの通知はクーリング・オフ期間内の消印で書面で出します。

　法律上は電子メールでもよいと定めていますが，通知内容や発信日を客観的な証拠に残すという点では，ハガキ（書面）によるのが安全です。

　クーリング・オフの通知の方法の詳細は，第1章Q6を参照してください。

●クーリング・オフ

　連鎖販売取引のクーリング・オフ期間は，契約締結後に契約書面が交付された日を1日目として計算して20日間です。

　販売員になった者が，本部や親会員から商品を仕入れて，自分の下の会員に卸売りするタイプの取引を「再販売取引」と言います。この再販売取引の場合には，契約書面の交付の日か，購入した商品が最初に引き渡された日のいずれか遅い日から20日間とされています。つまり，再販売型の連鎖販売取引の場合には，販売商品の現物を販売員が直接確認できた日以降にクーリング・オフをすることができるように配慮されているわけです。

●クーリング・オフの効果と清算

　契約は最初に遡って解消されます。事業者は違約金等の請求はできません。引渡し済みの商品の返還費用は事業者負担です。

●収入を得ているとき

　クーリング・オフをした消費者が，クーリング・オフをする前にマルチ商法で収入を得ている場合，クーリング・オフしたら収入はどうなるのでしょう。

　この扱いは，民法によります。

148

　業者の損失によって利益を得ているときは，業者の損失の範囲で利益を吐き出すことになります。消費者は利益を得ているが，業者に損失が出ていないときには，その分は返す必要はありません。

```
業　者
　↑　　クーリング・オフ　＊業者に損失があれば損失額担当額を返金額から減額。
消費者　　　　　　　　　　　　業者に損失がなければ満額返金される。
　↑　　収益（＝リクルートマージン）
マルチ商法の新たな入会者
```

14　販売員をやめたい

> **Q**　友人に誘われてマルチ商法の会員になりました。数か月たちましたが自分には向いていないのでやめたいと思っています。会員になるために必要とか，勧誘のために一通りの商品がないと困るからとか言われて健康食品類を大量に抱えています。返品できませんか。

●まずクーリング・オフで

　契約後，契約書面の交付を受けた日から20日以内であればクーリング・オフが最も簡単な解決方法です。

　事業者がクーリング・オフ制度について嘘をついたり，消費者を威かしてクーリング・オフを妨害したためにできなかったという場合には，クーリング・オフ期間が延長されます。

●取消制度

　契約の勧誘の際に，特定負担，特定利益，取り扱う商品，クーリング・オフ制度などについてウソの説明をしたり，隠して説明がなかった場合には，その結果誤認して契約した事情があれば，追認できるときから１年間は取消しできます。説明に問題はなかったか振り返って整理してみましょう。

●中途解約は自由

　このような問題は何もなかった場合でも，販売員をやめたいときは将来に向かって中途解約することは自由にできます。業者が，これに反して消費者に不利な特約を設けていた場合には，その特約は無効です。ただし，遡って契約を解消するものではないので支払った入会金などは返してもらえません。

●返品について

　では，購入した商品の返品はできるでしょうか。販売員をやめても不必要な在庫が残るのでは困ることもありえます。

　中途解約したのが，新規販売員になった日から１年を超えていない場合には，

返品できる場合があります。返品できるのは次のすべての要件を満たしている場合です。

① 中途解約の日から遡って90日を超えない間に引き渡された商品であること。商品の売買契約の日ではなく，引き渡された日がいつかが基準になります。

② 引き渡された商品を使用したり，販売したり，自分の落ち度などで毀損や滅失させていないこと。

　返品された場合には，事業者は，消費者に対して売買代金の1割までしか違約金の請求はできません。もし，代金を受け取っていた場合には9割を返金する義務があります。販売業者がマルチ組織の本部（統括者といいます）ではなかった場合でも，本部は代金の返還について連帯責任を負います。

●マージンをもらっていたとき

　マルチ組織によっては，販売員が商品を購入した段階でマージンを支払うシステムをとっている場合があります。その場合に，販売員が契約を解除し商品の返品もした場合には，事業者は，返品対象の商品の購入時に支払ったマージン分を返すように請求できます。中途解約しても，上記以外のマージン（収入）を返す義務はありません。

15　後出しマルチ

> **Q**　友人に誘われて出向いた説明会場で「確実に儲かる投資」と言われて，投資用DVDを学生ローンで借金して購入しました。しかし，DVDを見たところ意味不明の内容でした。借金の返済があるので，解約して返金してほしいと言ったところ，「友人を連れてきて契約させれば歩合を支払うからすぐに借金は返済できる」と言われ，マルチ商法だとわかりました。クーリング・オフできますか。

●はじめに

　最近のマルチ商法では，契約の締結をさせるまでは消費者にマルチ商法とは悟らせないで取引に引き込んでいくタイプのものが目立つようになりました。高齢者等に高額な浄水器や健康器具を買わせる，学生などに投資用DVDを買わせる，などというものが典型例です。消費者の支払能力を無視し，消費者金融などで借金させ契約させます。消費者が返済や支払いに困ると，その段階になるのを見澄まして窮状につけ込んで「知人・親戚・友人などを連れてこい。その人が契約すれば，○万円の収入になるから借金はすぐ返せるし儲けになる。」などと持ちかけます。

　後出しマルチの多くは，計画的に消費者を「借金を返済しなければならないが，お金がない」という窮状に追い込んだうえでマルチ商法に引き込むというもので，その悪質性はきわめて高い手口といえるでしょう。

●特定商取引法の適用があるか

　商品などを購入する契約を締結した後になって実はマルチ商法だったとわかるわけですが，この場合に連鎖販売取引としての規制が及ぶでしょうか。

　連鎖販売取引の規制は，1960年代にマルチ商法の被害が多発し社会問題となったことから導入された規制です。しかし，連鎖販売取引の捉え方は，「その販売組織の仕組みがマルチレベルマーケティング・プランという多重階層式販売組織である」ことに着目して規制対象を定義しているのではありません。個別の契約が連鎖販売取引の要件を満たしているかどうかに着目した定義の仕

方をしています。このような定義の仕方は，販売組織の実態が不明でも，個々
の契約に着目して連鎖販売取引かどうかを区別できるという点ではすぐれてい
ます。しかし，一方では，すべてのマルチ商法を規制対象として取り込むこと
ができるわけではないというマイナス面があります。

　連鎖販売取引の要件として重要なものに「…特定利益（その商品の再販売，
受託販売若しくは販売のあつせんをする他の者又は同種役務の提供若しくはそ
の役務の提供のあつせんをする他の者が提供する取引料その他の主務省令で定
める要件に該当する利益の全部又は一部をいう。）を収受し得ることをもって
誘引し」というものがあります。広告や勧誘で，「販売員を増やせば儲かりま
すよ」と告げることが必要とされているわけです。

　ところが，後出しマルチでは，広告・誘引・勧誘・契約締結までのすべての
段階で「契約すれば消費者が特定利益を得られる」ことを告げていません。
「特定利益を収受しうることをもって誘引」する行為をしていない，というこ
とになります。

　このように後出しマルチの手法は，特定商取引法の連鎖販売取引には該当し
ない可能性があるのです。

●手口の悪質性
　後出しマルチは，消費者にとっては意味のない商品などを，あたかも大変有
用なものであるかのように説明し，支払能力を無視して借金させるなどして売
りつけ，返済できない窮状に追い込んで，マルチ商法に引き込んでいくという
取引で，全体としてきわめて悪質で反社会性の強いものというべきです。

　現行法の連鎖販売取引に該当しないからといって放置してよいものではあり
ません。後出しマルチについても規制が必要だと考えられます。

●訪問販売としての規制
　後出しマルチの中には，訪問販売に該当するものがあります。営業所等以外
の場所での取引や特定顧客取引に該当する場合です。訪問販売に該当する場合
には，クーリング・オフ制度や取消制度の活用が可能です。さらに，行政処分
の対象にもなります。消費者庁と東京都が後出しマルチ業者に対して，訪問販

売としての特定商取引法違反が多数あることを理由に，業務停止命令を行った事例があります。

第**6**章

「特定継続的役務提供取引」をめぐる
トラブル事例と対応の仕方

　　エステティックサロンなどのサービス契約で，長期間にわたる契約を一括してまとめてする継続的サービス契約が増えています。一括して支払うことができない場合には，分割払いの個別クレジット契約がセットになっていることもあります。特定商取引法では，これらの継続的サービス契約について消費者保護のための規制を設けています。

　　この章では，これらの取引では，なぜ，どのような被害が起こるのか，具体例を取り上げながら規制の内容を紹介します。

1　特定継続的役務提供取引とは

> **Q**　特定商取引法では，特定継続的役務提供取引について消費者保護のための規制を設けているということですが，具体的にはどのような取引が規制されているのですか。また，それらの取引では，何が問題となっているのでしょうか。

● 継続的サービス取引をめぐる問題点

1970年代から消費生活でもサービス化が進んできました。かつては，サービスを受ける都度対価を支払っていた美顔などのエステサービスや，月謝払いが普通だった塾や家庭教師などで，最初に一定期間や一定回数分をまとめて契約してしまう取引方法が広がり，現在では広く利用されています。このような取引を「継続的サービス取引」と言います。

一方で，継続的サービス取引をめぐってさまざまな問題が起こっていました。一括前払いをしたのに業者が倒産してしまった，中途解約できない旨の契約条項がある，いったん支払った金銭はいかなる理由があっても一切返金しない旨の契約条項がある，などという問題でした。利用してみないと自分に合っているかどうかがわからない契約なのに，いったん契約して支払ってしまうと，契約後に自分には合わないと気がついても中途解約できない，一切返金してもらえない，というのでは消費者から見たら不合理です。

そこで，特定商取引法では，過去に社会問題となった継続的サービスを「特定継続的役務」として規制することにし，消費者保護のための制度を設けました。

● 定　義

規制対象の「特定継続的役務提供契約」については法41条で定義を定めています。

「役務提供事業者が，政令で指定した特定継続的役務をそれぞれの特定継続的役務ごとに政令で定める期間を超える期間にわたり提供することを約し，相手方がこれに応じて政令で定める金額を超える金銭を支払うことを約する契約

（以下この章において「特定継続的役務提供契約」という。）を締結して行う特定継続的役務の提供」と，上記の役務提供を受ける権利の販売契約の2種類の契約です。

政令で指定できる「特定継続的役務」とは，「国民の日常生活に係る取引において有償で継続的に提供される役務」で，下記のいずれにも該当するものであることが必要です。2つ目の条件は，民法に定める準委任のタイプのもの，という意味と考えられます。請負タイプの役務は対象にはならないということです。

一　役務の提供を受ける者の身体の美化又は知識若しくは技能の向上その他のその者の心身又は身上に関する目的を実現させることをもつて誘引が行われるもの

二　役務の性質上，前号に規定する目的が実現するかどうかが確実でないもの

●政令で指定されている役務の種類

政令では，下記の種類の役務を特定継続的役務として指定しています。

一　人の皮膚を清潔にし若しくは美化し，体型を整え，又は体重を減ずるための施術を行うこと（二の項に掲げるものを除く。）。

　➡いわゆる「エステティックサービス」のこと。脱毛，痩身サービスなどが典型例。

二　人の皮膚を清潔にし若しくは美化し，体型を整え，体重を減じ，又は歯牙を漂白するための医学的処置，手術及びその他の治療を行うこと（美容を目的とするものであつて，主務省令で定める方法によるものに限る。）。

　➡いわゆる「美容医療」のこと。主務省令による限定がある。

三　語学の教授（学校教育法（昭和22年法律第26号）第1条に規定する学校，同法第124条に規定する専修学校若しくは同法第134条第1項に規定する各種学校の入学者を選抜するための学力試験に備えるため又は同法第1条に規定する学校（大学を除く。）における教育の補習のための学力の教授に

該当するものを除く。）

➡いわゆる「語学教室」のこと。英会話教室などが典型例。

四　学校教育法第1条に規定する学校（幼稚園及び小学校を除く。）、同法第124条に規定する専修学校若しくは同法第134条第1項に規定する各種学校の入学者を選抜するための学力試験（義務教育学校にあつては、後期課程に係るものに限る。五の項において「入学試験」という。）に備えるため又は学校教育（同法第1条に規定する学校（幼稚園及び大学を除く。）における教育をいう。同項において同じ。）の補習のための学力の教授（同項に規定する場所以外の場所において提供されるものに限る。）

➡いわゆる「家庭教師」

五　入学試験に備えるため又は学校教育の補習のための学校教育法第1条に規定する学校（幼稚園及び大学を除く。）の児童、生徒又は学生を対象とした学力の教授（役務提供事業者の事業所その他の役務提供事業者が当該役務提供のために用意する場所において提供されるものに限る。）

➡いわゆる「学習塾」

六　電子計算機又はワードプロセッサーの操作に関する知識又は技術の教授

➡いわゆる「パソコン教室」

七　結婚を希望する者への異性の紹介

➡いわゆる「結婚紹介サービス」

●美容医療についての主務省令による制限

　主務省令では、期待される効果と役務提供の方法について、7種類のものを定めています。これらは、過去に消費生活相談などに多数の被害が寄せられたものです。

一　脱毛　光の照射又は針を通じて電気を流すことによる方法
二　にきび、しみ、そばかす、ほくろ、入れ墨その他の皮膚に付着しているものの除去又は皮膚の活性化　光若しくは音波の照射、薬剤の使用又は機器を用いた刺激による方法

三　皮膚のしわ又はたるみの症状の軽減　薬剤の使用又は糸の挿入による方
　　法
四　脂肪の減少　光若しくは音波の照射，薬剤の使用又は機器を用いた刺激
　　による方法
五　歯牙の漂白　歯牙の漂白剤の塗布による方法

●規制対象の特定継続的役務提供取引

　特定商取引法で規制される特定継続的役務提供取引は，各特定継続的役務ご
とに契約金額と契約に基づく役務提供期間の3種類の要件を満たす取引です。
契約金額は，役務取引だけでなく関連商品の販売価格も合わせた合計金額によ
ります。関連商品についてはQ4で詳しく紹介しています。

役務の種類	役務提供期間	契約金額
エステティックサービス	1か月を超えるもの	5万円を超えるもの
美容医療	1か月を超えるもの	
語学教室	2か月を超えるもの	
家庭教師		
学習塾		
パソコン教室		
結婚相手紹介サービス		

2 特定継続的役務提供取引の規制の概要

> **Q** 特定継続的役務提供取引について特定商取引法ではどのような規制を設けていますか。その規制のポイントを教えてください。

● **情報の開示と選択のチャンスの確保**

　特定商取引法の規制の考え方は，事業者に消費者に対する情報の開示をさせるというものです。情報の開示をするための書面の交付などを義務付け，書面に記載すべき重要な事項を法律で定めています。

　情報を開示すれば，消費者は，契約の内容を確認することができます。契約締結前に情報の開示がきちんとされれば，消費者は，契約締結前に内容を吟味することができます。危険性の高いもの，内容が消費者から見て適切とは思えないものは契約しないようにする，という選択ができるからです。

　さらに，契約を締結した後でも，契約書を交付させ，契約内容を確認できる日から一定期間はクーリング・オフできることとして，さらに選択のチャンスを保障しています。

● **特定継続的役務提供取引の書面交付義務**

　特定継続的役務提供取引の場合の書面交付義務などの規制を整理すると次のような内容になっています。

① 契約締結までに，取引の概要を記載した書面を交付する義務があります。これが「概要書面」と言われるものです。

　　概要書面についてはＱ５で詳しく取り上げています。

② 契約締結後にはすみやかに契約書面を交付すべき義務があります。

　　契約書面についてはＱ８で詳しく取り上げています。

③ 契約書面が交付された日から８日間のクーリング・オフ制度があります。これに反して消費者に不利な定めがある場合には，無効とされます。

④ 契約締結後は，消費者は，事業者の財務帳簿や業務帳簿の閲覧をすることができます。実費を負担すれば謄本の請求もできることとなっています。前払いで代金を支払うとき，経営内容がわからないと消費者は不安です。

　そこで，経営内容を確認することができるようにしました。

⑤　勧誘の際に重要事項に関して事実と異なる説明をしたり，知っているのに説明をしなかったために，消費者がそれを信用して契約したときには，追認することができるときから1年間取消しできます。

●中途解約の自由

　さらに，特定継続的役務提供取引では，契約期間中の中途解約は自由であると定めました。契約後に，クーリング・オフ期間が過ぎてしまった場合にも，消費者は，理由を問わずに将来にむかって中途解約をすることができます。あわせて，中途解約をした場合に，事業者が消費者に請求することができる解約手数料などの上限を定めました。

　法律の定めより消費者にとって不利な特約は無効とされます。

●不当な勧誘行為などの禁止

　不当な行為を禁止し，違反した場合には行政処分の対象としています。権限は国と都道府県にあります。

　禁止されているのは次の行為です。

①　誇大広告，もしくは虚偽の広告

②　契約の勧誘の際に重要事項について事実と異なる説明をしたり，知っているのに説明しない行為。また，威迫して困惑させる行為。

③　クーリング・オフを妨害するために重要事項についてウソをついたり，威迫して困惑させること。

　　なお，クーリング・オフ妨害があったためにクーリング・オフできなかったときには，クーリング・オフ期間が延長されます。

3 前受金保全措置とは

> **Q** 概要書面などに記載しなければならないと定められている「前受金保全措置」とはどういうものですか。具体的な内容を教えてください。実際に，この制度を設けている事業者はどの程度あるのでしょうか。

●書面の記載事項になった事情

特定継続的役務提供取引では，長期間にわたるサービス提供を一括して契約する特徴があります。実際にサービスを提供するのは，数か月後であったり，場合によっては1年先，2年先というものでも，契約したときに代金を全額支払う仕組みになっているものが多く見られます。

事業者にとっては，月払いであれば，サービスを提供しなければ支払いが得られなかったはずの料金をあらかじめ取得できるので，事業資金の確保などの観点から大変有利です。

しかし，消費者にとっては不利な面があり，危険があります。事業者が倒産した場合には，前払いしたものを返してもらうこともできず，サービスを受けることもできません。現実に被害は発生しています。

こうした事情から，消費者がある程度は保護されるような仕組みにする必要があります。

消費者サイドからは，将来のサービス料金を前払いさせる事業者には，法律で，一定金額を供託させるなどの保全措置を義務付けるべきだという指摘がされました。しかし，保全措置制度は法律上の義務とはされませんでした。事業者の任意です。その代わり，概要書面や契約書面に，前受金保全措置の有無と，保全措置がある場合にはその内容を記載すべきことを義務付けました。

●書面に表示させる意味

前受金保全措置を取っているかどうかを概要書面などに記載するよう義務付け，制度の有無だけでは意味がないので，制度を設けている場合には具体的な内容まで記載するよう義務付けています。どんな方法で，前払金の何％あるい

は何割の保全をしているのかを表示することが義務付けられています。

　そうすることによって，消費者が，概要書面などの事業者の表示を見て選択できるようにしたわけです。つまり，事業者が倒産してしまった場合に，支払い済みの料金が戻ってこないのは困る，という消費者は，概要書面で前受金保全措置を設けている事業者を選択すればよいという考え方です。

　保全措置としては，銀行による保証，法務局への供託などが考えられます。

●前受金保全措置は利用されていない

　しかし，現状でも前受金保全措置を設けている事業者はほとんどありません。2007年に大手英会話スクールが破産しましたが，前受金保全措置はとっておらず，問題になりました。

　結局，事業者が倒産する危険を避けたいのならば，特定継続的役務提供取引は利用しないほうが安全であると言わざるを得ません。

　昔ながらの月謝制やその都度払いは，事業者が倒産してサービスを受けることができなくなれば，代金も支払わなくてよいわけで，特定継続的役務提供取引で発生するような消費者被害が起こる余地はありません。消費者にとっても安心して利用することができる合理的なシステムであると言えるわけです。

4 関連商品とは

> **Q** エステの契約をするときに，サロンで使用するためのものと，サロンでのエステの効果を高めるために自宅で使用する必要があるからと言われて，あわせて化粧品と健康食品を購入する契約もしました。エステサービスの契約をクーリング・オフするときに購入した化粧品なども一緒にクーリング・オフできますか。

●抱き合わせ商品の購入

このケースの疑問は，エステサービスの契約のときに抱き合わせで購入した商品もエステをやめるときに一緒にやめることができるのか，ということです。

特定商取引法では，特定継続的役務の提供の際，消費者が購入する必要があるとして購入した商品のうち，政令で指定した商品については，役務契約と商品の購入とを一体の契約として扱うものと定めています。この商品のことを「関連商品」といいます。関連商品については，概要書面や契約書面にも記載する必要があります。

役務提供業者と販売業者とが別の事業者の場合でも，同様に扱います。

エステサービスの契約も関連商品の購入の契約も，一体としてクーリング・オフ，取消し，中途解約などができます。

●どんな場合が該当するか

どんな事情で購入すると「消費者が購入する必要があるとして購入した」に当たるのでしょうか。典型的なケースを紹介しましょう。なお，役務の契約締結の際に商品の購入契約をする場合だけではなく，役務契約をしたあとで，役務の提供を受ける際に別途関連商品の購入契約をする場合も含まれます。

- 契約したサービスの提供の際に使用するからという。たとえば，エステサロンで使用する化粧品を購入させる，英会話教室で指導の際に使うテキストや問題集などを買わせるなど。
- 受けたサービスの効果を持続させたり，効果を高めるために必要という。たとえば，エステでは，効果を持続させたりアップするために自宅で使用

する化粧品，美顔器，補正下着などを買わせる。

- 役務の契約をする場合には，商品も買ってもらうことになっているという。つまり，抱き合わせで契約する仕組みになっている場合。

●政令で指定されている関連商品

　関連商品は，役務の種類ごとに政令で指定されています。これは，過去に抱き合わせで販売され役務取引だけを解消できる制度にすると，消費者は不必要な商品だけを買わされる結果となり悪質業者の売り逃げになるトラブルが多発したことから政令で指定されたものです。

エステティックサロン
- いわゆる健康食品
- 化粧品，石けん（医薬品を除く）および浴用剤
- 下着類，美顔器，脱毛器

美容医療
- いわゆる健康食品
- 化粧品
- マウスピース（歯牙の漂白のために用いられるものに限る）および歯牙の漂白剤
- 医薬品および医薬部外品であって，美容を目的とするもの

語学教室，家庭教師，学習塾
- 書籍（テキスト，問題集，教材などを含む）
- カセット・テープ，CD，CD-ROM，DVD など
- ファクシミリ機器，テレビ電話

パソコン教室
- 電子計算機およびワードプロセッサーならびにこれらの部品および付属品
- 書籍，カセット・テープ，CD，CD-ROM，DVD など

結婚相手照会サービス
- 真珠ならびに貴石および半貴石
- 指輪その他の装身具

●政令指定消耗品

　ただし，使うと商品価値がほとんどなくなる商品については特に政令で指定して，消費者が自分の判断で使ってしまった場合には，クーリング・オフできなくなると定めています。政令では，美容医療のすべての関連商品，エステティックサービスの関連商品の健康食品と化粧品を指定しています。

5　特定継続的役務提供取引を選ぶ場合の注意——概要書面の記載事項

> **Q**　特定継続的役務提供取引を利用する場合，上手に選ぶためにはどのようなことに注意をすればよいのでしょうか。選ぶ場合のポイントを教えてください。

●ポイントは概要書面

　特定継続的役務提供取引は将来長期間にわたって受けるサービスについて一括して契約するものなので，内容が複雑であるうえに，消費者にはさまざまな危険や不利益があります。

　消費者が契約を締結する前に，契約の内容について吟味・検討することができるようにするために，特定商取引法では，事業者に「契約締結前に消費者に対して概要書面を交付しなければならない」という義務付けをしています。

　消費者としては，特定継続的役務提供取引を賢く選ぶためには，あわてて契約するのではなく，契約するかどうか決めるときに，あらかじめ「概要書面」をもらって，内容を吟味することが大切です。

●概要書面はわかりやすく書かれているか

　さて，契約しようかなと思った場合には，いきなり契約しないで，まず「概要書面」やパンフレットなどをもらってきます。1社だけでは比較できないので，数社に絞り込んで入手するようにするといいでしょう。こうして何社かのものを読んで比較検討をします。

　資料をもらいに行ったのに，資料は渡してくれずしつこく勧誘をする事業者は避けるべきです。きっぱり断りましょう。

　さて，概要書面などをもらってきたら，自分自身で読んでみます。難しくて読めないとか，読んでも意味がよくわからないという事業者は，良心的とは言えません。

●概要書面のここをチェック

　概要書面では，次のような記載内容を確認します。

① 事業者の住所・名称・代表者（社長）の氏名・固定電話番号

② 提供が約束されるサービスの内容

③ サービスを利用するために購入する必要のある商品がある場合にはその商品（たとえば，エステティックサービスの契約のために化粧品や健康食品の購入が必要な場合や，学習指導の契約のために教材やファックスなどの購入契約が必要な場合など）

④ 消費者が支払わなければならない料金や代金の概算

⑤ 代金などの支払時期と方法

⑥ クーリング・オフ制度，クーリング・オフ妨害のときのクーリング・オフの延長

⑦ 中途解約の自由と解約した場合の清算方法

⑧ 個別クレジット契約の場合には支払停止の抗弁制度

⑨ 前払金保全措置の有無とその内容

⑩ その他の特約がある場合にはその内容

●関連商品と中途解約の清算方法もチェックを

　さらに注意が必要なのが，関連商品の有無と中途解約の場合の清算方法です。サービスを利用する場合に，セットで商品も購入しなければならないのであれば，概要書面に記載しなければならないことになっています（上記③）。概要書面に書いてない商品を売りつけようとする事業者は悪質業者です。

　中途解約の清算については，受け終わったサービスの料金をどのように清算するように定めているかを確認しましょう。契約する場合には，途中でやめるかもしれないなどというふうには思わないので，案外おろそかになりがちです。中途解約の清算に関する項（Q11）でトラブル例を紹介しています。

　中途解約の際の清算方法の内容が，消費者にも納得できるようなわかりやすい合理的な内容になっている場合には，一般的に言って提供されるサービスの質もよく，顧客対応も良心的であることが多いと言えます。

6　広告を見て出向いた脱毛サービス

> **Q**　広告を見て出向いて6か月間で12万円の脱毛サービスの契約をしました。利用し始めたところ，期待していたサービス内容や効果と違うので途中でやめることにして申し入れたところ，一切返金はできないと言われました。契約で定めているからというのですが…。

●はじめに

　いろいろな広告やインターネットやSNSの広告では，エステサロンだけでなく美容医療クリニックも，脱毛などの派手な広告をして競争しています。消費者は「脱毛したい」と思って契約していても，契約相手がエステサロンのことも，クリニックのこともあるというのが最近の実情です。

　広告で「医療脱毛」だから安心と，医療脱毛であることを強調している場合もあります。この事例の契約は，どちらだったのでしょうか。契約書などで確認する必要があります。

●問題の所在

　特定商取引法では，特定継続的役務提供として，政令で「人の皮膚を清潔にし若しくは美化し，体型を整え，又は体重を減ずるための施術を行うこと。」を指定しています。これは，エステサロンでの脱毛・痩身・美顔や全身美容などを意味するものです。医療行為は含まないことから，このような指定の仕方になっています。したがって，エステサロンとの脱毛サービスの契約で，契約期間が1月を超え，契約金額合計額が5万円を超えている場合には，特定商取引法の規制が及びます。

　継続的サービス取引に対する規制ですから，取引方法による区別はありません。消費者が，自分から自主的に出向いて契約した場合でも対象になります。

●美容医療も政令指定に

　最近では，美容医療での脱毛サービスが多くなりました。ホームページでの誇大な宣伝，これを見てやってきた消費者に強引に契約させる，契約の解除を

認めなかったり高額な違約金を取る，などのトラブルが多発し，社会問題とな
っていました。

　そこで，2016年に第7番目の類型として追加指定されました。

●この事例の場合

　この事例の場合には，美容医療の脱毛か，エステサロンの脱毛かわかりませ
んが，いずれであっても中途解約はでき，特定商取引法の規制による清算義務
があります。ただし，どちらに該当するかによって，中途解約の際の解約料の
上限規制と関連商品の内容が違います。エステか美容医療かを確認する必要が
あります。

7　5万円のエステとクーリング・オフ——関連商品があるとき

> **Q**　　脱毛サービスの無料体験の広告を見て，エステサロンに行きました。サロンでは，契約しないと帰してもらえない雰囲気だったので，仕方なく，一番安い「5万円分のフリーチケット」の契約をしました。これは，チケット分までは6か月間の好きなときに利用できるというものでした。その時，エステに使うからと言われて化粧品を1万円買わされました。クーリング・オフはできるでしょうか。

●特定継続的役務提供取引の要件

　特定継続的役務提供取引とは，この章のQ1の要件を満たす取引です。

　エステサロンの場合にはサービスの内容が適用対象の要件の重要なポイントですが，さらに，

　　①　サービス提供期間に関しては，1か月を超えるものであること

　　②　金額に関しては，5万円を超えるものであること

が必要とされます。この事例では，利用できる期間は6か月ですから①を満たしています。

●「5万円を超える」の意味

　問題は②の要件です。

　要件の「5万円を超える」というのは，単にエステサービスの料金だけでなく，関連商品の価格も含む契約全体の金額で判断します。

　この事例では，「エステサービスで使うから」と説明して化粧品を同時に販売しています。こういうものを関連商品と言います（関連商品についてはQ4を参照してください）。関連商品の場合には特定継続的役務提供取引と一体の契約として扱うことになっています。

　したがって，契約金額は「サービス5万円＋商品1万円＝6万円」の契約ということになります。特定継続的役務提供取引の要件を満たすので，クーリング・オフができます。

8　契約書面の記載事項とクーリング・オフの起算日

> **Q**　学習相談に来たと訪問してきたセールスマンから子供の能力に合わせた教材を使用して学習指導をするということで，契約をすすめられました。
>
> 　契約後大量の教材が送られてきて，子供はやる気をなくしてしまいました。事業者に連絡したのですが，「クーリング・オフ期間は過ぎているから，解約には応じられない」と言います。

●契約内容の確認を

　まず，契約内容を確認しましょう。この事例では，「子供に合った教材で指導する」というのですから，学習指導付き学習教材の契約と考えられます。期間が2か月を超え，契約金額合計額が5万円を超えていれば，特定継続的役務提供取引としての規制を受けます。

●契約書の記載事項

　特定継続的役務提供取引の場合には，契約書面に記載すべき事項は次のとおりです。交付された書面で記載内容をチェックします。

① 役務提供事業者の住所・名称・代表取締役（社長）の氏名・固定電話番号

② 契約の締結を担当した者の氏名

③ 契約締結の年月日

④ 提供が約束される役務（サービス）の種類

⑤ 役務の提供の形態および方法

⑥ 役務を提供する時間数の合計，回数

⑦ 講師その他の役務を直接提供するものの資格，能力等に関して特約がある場合にはその内容

⑧ サービスを利用するために購入する必要のある商品（いわゆる関連商品，政令で指定されている）がある場合にはその商品名，販売業者の住所・名称・固定電話番号・代表者の氏名

⑨　サービスや関連商品の契約のために消費者が支払わなければならない金銭の額

⑩　代金などの支払時期と方法

⑪　役務の提供期間

⑫　クーリング・オフ制度，クーリング・オフ妨害のときの期間の延長

⑬　中途解約の自由と契約した場合の清算方法

⑭　個別クレジット契約の場合には支払停止の抗弁制度

⑮　前払金保全措置の有無とその内容

⑯　その他の特約がある場合にはその内容

●クーリング・オフの起算日

　クーリング・オフ期間は，法律で定められた記載事項が正しく記載された契約書面の交付がされた日を1日目として計算します。契約書面が交付されていない場合や記載に不備がある場合には，契約してから8日を経過した場合でも，クーリング・オフできます。

●このケースでは

　このケースでは，関連商品である教材についての記載が，契約書面にはありませんでした。教材については別に個別クレジット申込書が作成されていました。しかし，サービスの提供を受けるためには必要だからと説明して契約させているのですから，教材は「関連商品」に当たります。

　したがって，契約書面に関連商品が記載されていないケースでは，契約してから8日が経過している場合でも，クーリング・オフ期間は経過しておらず，まだクーリング・オフができるということになります。

9 クーリング・オフの方法と清算——関連商品の清算

> **Q** 特定継続的役務提供取引でクーリング・オフした場合の清算や商品の返品などはどうすればいいのですか。

●クーリング・オフは書面で

クーリング・オフは，クーリング・オフ期間内に事業者に書面又は電子メールで通知します。8日目までに通知を発信すればよく，事業者に通知が着くのは8日目過ぎでも差し支えありません。8日目までの消印有効です。

●清算方法

クーリング・オフをした場合には，契約は最初に遡って解除されます。したがって，事業者は，契約に関して金銭を受領していた場合には，すみやかに全額を返還しなければなりません。名目のいかんを問わず一切の請求は認められません。サービスの提供をしていた場合でも，その対価は一切請求することはできません。

●関連商品とクーリング・オフ

関連商品（Q4参照）についても，あわせてクーリング・オフできます。関連商品についてもクーリング・オフする場合には，クーリング・オフの通知に明記してください。

関連商品についてもクーリング・オフをした場合には，事業者は，その契約に関して受け取った金銭は全額すみやかに返還しなければなりません。商品等の引渡しがされていた場合には，事業者の費用負担で引き取らなければなりません。

これらに反して消費者に不利な特約は，無効です。

●関連商品が消耗品の場合

ただし，関連商品で，政令で消耗品として指定されているものについては，消費者が自分の判断で使用していた場合には，通常同種の商品が市販されてい

る最小小売り単位でクーリング・オフができなくなります。

　そのためには，事業者が契約書面に「この商品については使用するとクーリング・オフ期間内であってもクーリング・オフできなくなる」旨の記載をしていることが必要です。

　消耗品として政令で指定されているのは，①健康食品，②化粧品，石けん，浴用剤，美容医療の関連商品すべてです。

　ただし，契約書面が渡されていなかったり，記載内容に不備がある場合には，消耗品を使用していてもすべてクーリング・オフをすることができます。

10　中途解約したいとき

> **Q**　家庭教師の契約をし1か月ほど利用したのですが，担当の家庭教師と性格が合わずうまくいきません。このまま続けるのは無理なのでやめたいのですが，事業者は，クーリング・オフ期間が過ぎてしまっているので解約には応じられないと言っています。

●中途解約は自由

　サービス提供期間が2か月を超え，契約金額が5万円を超える家庭教師の契約は，特定継続的役務提供取引として法律で規制されます。

　特定商取引法では，特定継続的役務提供取引については契約期間内の中途解約は自由と定めています。

　したがって，このケースのように，クーリング・オフ期間を過ぎていた場合でも中途解約は自由にできます。中途解約をする場合の理由は問いません。中途解約すると，将来に向かって契約は解除されます。

●解約を制限する特約は無効

　この事例では，事業者は「うちでは消費者からの中途解約は認めていない」と主張しています。契約書を見ると，確かに「クーリング・オフ期間経過後の中途解約は認めない」という記載があります。

　特定商取引法では，消費者の中途解約の自由を法律上の制度として定め，これに反する消費者に不利な特約は無効とするものと定めました。したがって，この事例のように，契約書に中途解約は認めない趣旨の定めを設けていても，この定めは無効であり，事業者は中途解約に応じる義務があります。

　中途解約の際の清算方法は，Q11で詳しく紹介しています。

●クーリング・オフの可能性も

　消費者の中途解約権と中途解約時の清算方法は契約書面に記載する必要があります。この事項は，ただどんな内容でも書いてあればよいわけではなく，特定商取引法を守った内容である必要があります。違法な内容の場合は，特定商

取引法で定めた契約書面とはいえず，クーリング・オフの起算日は到来していないことになります。

　したがって，契約をクーリング・オフすることも可能です。

11　中途解約の清算方法

<blockquote>

Q　1　1年間30回の医療脱毛を受けることができる契約を48万円で結び，一括払いしました。3回通った時点で中途解約したところ，業者から違約金20万円を支払えと請求してきました。10分の1しか利用していないので，返金されると思っていたのに，納得いきません。業者は，20万円は契約を守らないことに対するペナルティで，支払わなければ中途解約には応じないと強気です〔Q1〕。

2　エステサロンで，上記事例同様の脱毛の契約で中途解約しました。業者から，10万円の返金になるとの連絡がありました。契約書で確認したところ，最初の4回だけ有料で1回の単価は12万円，残りの26回は無料サービスと記載されていました。3回の利用なので，36万円の対価と解約料2万円は返金できないといいます。納得できません〔Q2〕。

</blockquote>

●特定商取引法の中途解約の規制

　エステティックサロンでの脱毛も医療機関での脱毛（医療脱毛）も，特定継続的役務です。この事例はいずれも契約金額が5万円を超え，サービス提供期間が1か月を超えているので，特定継続的役務提供取引としての規制が及びます。

　特定商取引法では，特定継続的役務提供取引では，サービスの提供期間が残っている場合の中途解約はできるものと定め，これに反する特約を業者が定めていた場合には特約は無効としています。したがって，〔Q1〕の業者の言い分は認められません。

　次に，中途解約をした場合には，解約手続をしたときから将来に向かって契約は解除され，過去に契約に基づいてサービスの提供を受けた部分についての清算をすることになります。また，有効な契約を途中で解約するわけですから，業者は一定の解約料を請求できます。特定商取引法では，業者によるぼったくりを防止するために解約料の上限の規制をしています。規制の範囲内で，業者が契約で定めた解約料を請求できます。業者が，規制よりも高額な解約料の規定を設けていた場合には，規制された上限額を超える部分は無効，つまり消費

者には支払義務はありません。

● 役務ごとの解約料の上限

　中途解約制度は，サービスの利用前でも利用後でも利用できます。サービスの利用にかかわらず，クーリング・オフ期間内であればクーリング・オフによる解除ができます。取消事由がある場合には（次のQ12参照）契約を取り消して解消する方法があります。どちらも利用できない場合の方法として，中途解約による契約の解除が利用できるということです。

　中途解約の場合の解約料の上限規制は下記の表のようになっています。これよりも高い解約料の定めは，規制を超える部分が無効です。

役務の種類	サービス利用前の解約の場合	サービス利用後の解約の場合
エステティックサロン	2万円	2万円または契約残額の1割のいずれか低い額
美容医療	2万円	5万円または契約残額の2割のいずれか低い額
語学教室	1万5,000円	5万円または契約残額の2割のいずれか低い額
学習塾	1万1,000円	2万円または月謝相当額のいずれか低い額
家庭教師	2万円	5万円または月謝相当額のいずれか低い額
パソコン教室	1万5,000円	5万円または契約残額の2割のいずれか低い額
結婚相手紹介サービス	3万円	2万円または契約残額の2割のいずれか低い額

※　「契約残額」とは契約による役務の対価合計額から，利用済みの役務の対価を引いた差額のこと。

● 利用済みのサービスの対価の清算

　有効な契約としてサービスの提供を受けた部分については，清算が必要になります。清算方法については，契約書に記載することが義務付けられているの

で，契約書の記載内容によります。

　ただし，清算時のサービスの単価は，契約時の単価を上限とします。契約時単価よりも高い場合には，契約時単価を超える部分は無効です。これは，英会話教室のNOVAが契約時単価を安くし，清算時単価を契約時単価の何倍もの高額に設定していたことをめぐって争われた事件の最高裁判決に基づいた特定商取引法の運用です。最高裁判決では，契約時単価よりも清算時単価を高く定めた条項は，特定商取引法による解約料の規制を脱法するもので，無効であると判断しました。

●〔Q 2〕の事例の考え方

　〔Q 2〕では，1年間で30回の脱毛サービスの契約で，総額48万円というものですが，単価についての定めが最初の4回だけが有料で，1回当たりの単価は12万円，残りの26回は無料となっています。4回利用した後の解約では，一切返金されない仕組みです。事例の業者は，この契約条項により清算しています。これは，合法でしょうか。

　この種の事案に関する裁判例で公表されているものは見当たりません（2022年11月現在）。ただし，東京都の消費者被害救済委員会のあっせん例があります（92号事件）。この事案における委員会の見解は，26回のサービスの実質は無料ではなく，中途解約の場合の清算で返金しないようにするための異常な単価設定であることを指摘しています。そのうえで，契約合計金額をサービス回数で割って単価を算出し，利用済みの対価と違約金を清算することになると指摘しています。

　なお，中途解約の際の清算方法については，特定商取引法を順守した内容を契約書面に記載すべきことが義務付けられています。記載されている清算方法が違法である場合には，特定商取引法に定めた契約書面には該当しないため，クーリング・オフ期間は進行しません。ケースによっては，クーリング・オフも可能ということです。

12　勧誘の際にウソがあった

> **Q**　英会話スクールの勧誘の際に「英語教師の資格取得者が教授する」「予約はいつでも取れる」と説明され信用して契約しました。しかし，予約を取るのは大変困難で，そのうえ教師は無資格者であることがわかりました。納得できません。

●勧誘の際のウソ

　特定商取引法では，契約の勧誘の際に重要事項について不実の説明をすること（不実告知），知っているのに隠して説明しないこと（不告知）を禁止しています。違反した場合には，3年以下の懲役等の刑事罰のほか，行政処分の制度もあります。

　対象になる重要事項は，不実告知の場合には以下の①～⑧までのとおりです。不告知の場合には，①から⑥までが対象になります。

① 役務（サービス）または役務の提供を受ける権利の種類およびこれらの内容または効果など

② 関連商品がある場合には，その商品の種類およびその性能または品質など

③ 購入者が支払わなければならない金銭の額

④ 金銭の支払いの時期および方法

⑤ 役務（サービス）の提供期間

⑥ クーリング・オフに関する事項

⑦ 顧客がその契約の締結を必要とする事情に関する事項

⑧ ①から⑦に掲げるもののほか，その契約に関する事項であって，消費者の判断に影響を及ぼすこととなる重要なもの

●取消事由になる

　契約の勧誘の際に事業者が前記の「不実告知」や「不告知」を行い，消費者がその説明を信じて誤認し，契約を締結した場合には，契約を取り消すことができます。

　取り消すことができる期間は追認できるときから１年間です。追認できるときとは，事業者の説明が事実と異なっていたことをはっきりと知り，かつ消費者が契約を取消しできることを知ったときを意味します。

　ただし，契約締結から５年間を経過した場合には，取り消すことができなくなります。事業者の説明がウソだったと気がついたが，すでに契約から５年間がたっていたという場合には，その契約を取り消すことはできないという意味です。

●この事例の場合

　この事例の場合には，英会話教室の「教師の資格」と「自由予約制の場合に予約が自由に取れるか，予約が取りにくいか」という点で，事実と違う説明をしています。

　この２点は，英会話スクールというサービスの質に関する説明です。また，消費者が，その契約を締結するかどうかを決める際の判断を左右する重大なことです。

　したがって，この契約は取り消すことができます。

●取消しの方法と効果（清算ルール）

　第１章Ｑ７を参照してください。

●関連商品を購入しているとき

　契約を取り消した場合は，あわせて関連商品の販売契約を解除することができます。

13　事業者が倒産した

> **Q**　学習塾の契約をして利用していましたが，先日，塾が倒産しました。今後の対応はどのようにしたらよいのでしょうか。塾は3年間分の契約で，3年間分の授業料は，個別クレジット会社を利用して3年間の分割払いにしています。

●クレジットの支払いはどうなるか

　消費者として一番問題になるのは，クレジット会社への支払いです。学習塾は倒産してしまったのですから，塾での指導は，もう受けることはできません。消費者としては，今後は指導が受けられないのであれば，支払いたくないと思うのは当然です。

　個別クレジット契約では3年間分の指導料を，クレジット会社に肩代わりしてもらって一括して塾に支払った形になっています。そのため，塾はつぶれてしまってもクレジット会社に肩代わりしてもらった指導料の支払いをどうすべきかが問題となります。

●クレジット会社への支払停止の抗弁制度

　割賦販売法では，「消費者と契約をした販売業者などに支払いを拒否できる事由がある場合には，これを理由にクレジット会社への支払いを停止できる」制度を設けています。この制度のことを「支払停止の抗弁」と言います。

　したがって，塾が倒産して指導が受けられなくなったことを理由に，その後の指導料部分についてはクレジット会社にも支払停止ができます。

●支払停止の方法

　クレジット会社に対する支払停止をするためには，クレジット会社に対して「塾が倒産してサービスを受けることができなくなったので，支払いを停止する」という内容の通知をする必要があります。通知は配達証明付き内容証明郵便が一番安心です。塾にもすぐに「契約を解除する」旨の通知を出してください。そのうえで，銀行に出向いて支払いを停止する手続をしてもらいます。

第 **7** 章

「業務提供誘引販売取引」をめぐる
トラブル事例と対応の仕方

　内職やモニター募集をうたって商品や資格教材などを販売する，
いわゆる「内職・モニター商法」などの規制です。
　この章では，どのような被害があるのか，そのための被害防止と
救済としてはどのような制度があるのかを解説しています。

186

1 内職・モニター商法とは

Q　いわゆる「内職」や「モニター」をすれば収入になると言って商品などを買わせる「内職・モニター商法」について，消費者保護のための規制がありますか。どのような被害があるのですか。また，規制される取引はどのようなものですか。

●業務提供誘引販売取引

いわゆる「内職・モニター商法」は「業務提供誘引販売取引」として規制されています。「業務提供誘引販売取引」とは，文字どおり業務つまり「仕事」を提供しますよと言って誘い，商品などを販売する取引を指しています。

わかりやすく言えば，「内職をしませんか」とか「モニター募集」などと言って収入が得られることを説明して勧誘をし，応募してきた消費者に，仕事をするために必要だからという理由で，資格や技術習得のための教材を販売したり講座の受講契約をさせたり，仕事のために必要なパソコンや呉服などの商品を販売する取引のことです。うちで提供する仕事をすれば収入になるから，そこから支払いをすれば大丈夫，支払った残りは収入になる，などと言うわけです。

●販売方法

販売方法には，さまざまなものがあります。

チラシ，新聞や雑誌などの広告，求人広告雑誌，インターネットのホームページや SNS が入口になっているものなどもあります。友人・知人などによるクチコミも少なくありません。最近では，ネットで在宅ワークを探して問い合わせたのがきっかけで契約に至るケースや SNS などのターゲッティング広告によるものが多いようです。

●被害の実情

典型的な被害は，仕事がもらえない，仕事をしても対価の支払いがない，それなのに仕事のために購入した商品代金の支払いはしなければならず大変，な

どというものです。

　仕事のために必要な商品等の購入には，分割払いの個別クレジット契約や消費者金融を利用させているものもあります。「収入の一部で毎月支払えばいいのだから」と言って説得するわけです。

●適用される取引

　業務提供誘引販売取引として規制対象とされる取引は，次の要件を満たす取引です。仕事の提供の契約とそのための商品等の購入という一見2つの契約を一体として扱う点が，ポイントです。

①　事業者が物品の販売または有償で行う役務（サービス）提供の業務を行う者であること。これらのあっせんをする場合も含まれます。

②　業務提供利益が得られるとして誘引すること

　　業務提供利益とは，契約で購入した商品や役務を利用して行う業務を，その事業者が提供したり，あっせんをするもので，そこから収入が得られるという説明をして勧誘したものであることを意味します。

③　その消費者に，業務をするために購入した商品や役務の代金や，保証金など，名目は問わず何らかの金銭の支払いをさせること。この金銭的な負担のことを「特定負担」と言います。

④　商品（役務の提供を受ける権利や施設を利用する権利も含む）の販売，又は有償の役務の提供の取引であること

⑤　消費者が事業所等によらない個人であること

　　この規制は，基本的には消費者保護の制度であるためです。

2 業務提供誘引販売取引の規制の概要

> **Q** 内職・モニター商法に関する消費者保護のための規制には，どのような制度がありますか。

●消費者保護の規制

消費者保護のために次の制度が設けられています。

規制の基本は，消費者に対して取引に関する情報を開示するように事業者に義務付けたという点です。具体的には，広告，概要書面，契約書面などに必要事項を記載するよう定めています。さらに，契約書を交付させて契約内容を消費者が確認できるようにしたうえで，この日から20日間のクーリング・オフ制度を設けています。

① 広告の表示の規制，誇大広告の禁止，電子メール広告の規制
② 不当な勧誘行為の禁止，クーリング・オフ妨害行為の禁止
③ 概要書面の交付義務
④ 契約書面の交付義務
⑤ 20日間のクーリング・オフ制度，クーリング・オフ妨害時の期間の延長
⑥ 取消制度

　勧誘の際に重要事項について，事実と異なる説明をしたり，隠したために消費者が説明を信じて契約したときには，追認できるときから1年間は取消しできる。
⑦ 行政監督制度
⑧ 個別クレジット契約を利用したときは，販売業者に対するクレームが発生した場合には，そのクレームを理由にクレジット会社に対して支払停止ができる（「支払停止の抗弁制度」）

●規制のここがポイント

最も大切なポイントは，広告，概要書面，契約書面のいずれにも，「業務の提供に関すること」と「業務を行うために必要な商品等の購入や金銭負担に関すること」の両方を記載しなければならないとしている点です。

　契約する前には広告や概要書面で，提供される業務の内容や量，対価の金額や支払方法などがどのような内容になっているかをよく確認するようにしましょう。また，業務を行うための金銭負担の内容も十分確認する必要があります。

　広告には，仕事のことだけで，仕事をするための金銭負担については書いていないものが少なくありません。概要書面を交付しないとか，概要書面には提供される業務について具体的に書いていないこともあります。

　このように，法律で記載すべきであると定められた事項が記載されていない場合には，問題がある事業者なので契約をしてはいけません。

●契約後の注意点

　契約締結後は，事業者から契約書面をもらったうえで，記載内容を確認します。提供される業務に関すること，負担しなければならない経済的な負担の内容や金額などに注意しましょう。契約の際に説明されたことがきちんとわかりやすく明記してあるか，自分で納得できる内容か，慎重に確認します。

　もし，記載内容があいまいだったり，内容に納得できない部分がある場合には，トラブルが予想されます。すみやかにクーリング・オフをしましょう。

●不当な勧誘方法に注意

　勧誘の際に，不当な勧誘行為をする事業者も問題です。勧誘方法に納得できない部分がある場合には，契約をしないようにすべきです。

　たとえば，勧誘の際の説明の内容と契約書の記載内容が違うなどが，典型的なものです。いやがっているのに，強引に威圧して契約させる行為も禁止されています。また，収入の見込みが確実な内容ではないのに（固定給ではなく出来高払いや歩合なのに），いかにも確実に多額の収入が得られるような説明をすることも禁止されています。納得できないと思ったら，泣き寝入りしないで，クーリング・オフしましょう。

3 在宅ワークを探すとき

> **Q** 余暇にできる在宅ワークをネットで探し資料請求のメールを出
> したら，電話がかかり「電話面接をする」と言われました。電話
> 面接を受け採用されましたが，採用後，仕事をするために必要なアカウン
> ト，スキルチェックなどに費用がかかることがわかりました。ところが，
> スキルチェックをクリアできず仕事がもらえません。これまでかかった費
> 用を返してもらって，もうやめたいのですが…。

● はじめに

　業務提供誘引販売の誘引や勧誘方法は時代によって変化しています。1990年
代当時は，電話勧誘や求人広告，クチコミなどによるモニター商法や展示会で
のアルバイト，チラシ配り内職やモニター商法などが中心でした。近年は，消
費者が自分から在宅ワークをネットで探して被害に遭うケースが増えています。
典型的なものは，事例のようにネットの在宅ワークサイトなどで情報収集をし
て資料請求のメールをすると，「電話面接の日時の問い合わせ」の電話が入り，
その後「電話面接」が行われて「採用される」というものです。

　多くの場合，採用後に，スキルアップ研修や教材，スキルチェック，仕事を
するためのアカウントなどが有料だと知らされます。提供される仕事も少しで，
収入よりも仕事をするためにかかる費用負担のほうが大きいことが多く，中に
は事例のようにスキルチェックをクリアしないなどの理由で仕事がもらえない
ケースもあります。

● 何が問題か

　事業者が消費者に仕事を提供し（あっせんも含む），提供される仕事に利用
する商品やサービスを事業者が提供し（あっせんも含む），消費者が金銭の支
払いをする（商品やサービスの対価，仕事をするための保証金・加盟金・取引
料など名目は問わない。特定負担のこと）タイプの取引の場合には，業務提供
誘引販売取引に該当します。

　この場合には，広告の規制，勧誘の規制などがあります。広告には，「消費

者が購入する必要がある商品又は役務の種類，特定負担に関する事項，事業者が提供し又はあつせんする業務について広告をするときは，その業務の提供条件」などを表示する義務があります。また，契約の勧誘をする際には，「その勧誘に先立つて，その相手方に対し，業務提供誘引販売業を行う者の氏名又は名称，特定負担を伴う取引についての契約の締結について勧誘をする目的である旨及び当該勧誘に係る商品又は役務の種類を明らかにしなければならない」義務があります。

　事例では，広告の記載内容が不備なうえ，電話で勧誘する際には「電話面接」と述べ勧誘目的などを告げないという違法な行為があります。契約の締結前の概要書面の交付もなされていません。

●手口の悪質さ

　消費者は「電話面接」といわれるため，業務提供誘引販売取引の勧誘であるとは認識できず，自分が契約するかどうかを選択する立場にいるとは認識できない状況におかれます。むしろ逆に「採用されたい」と考えて事業者の気に入るように対応してしまい，契約締結に至った際も「無事，採用されてよかった」などと認識しがちという問題点があります。

　働きたい消費者心理を逆手に取ったきわめて悪質な手法というべきでしょう。「電話面接」に対しては注意が必要です。

●契約書面などを確認すること

　このようにネットで探す在宅ワークでは，広告には単なる自宅でできる仕事の案内のみであり，具体性に欠けるイメージ的なものであることが多く，勧誘の誘いも「電話面接」というなど，消費者に適切な選択をさせないやり方をする点に特徴があります。

　しかし，契約書面には，提供する仕事の内容や分量や単価など，仕事を提供する際に条件がある場合にはその条件（たとえば，スキルチェックをクリアする必要があることなど），消費者の金銭負担（特定負担），クーリング・オフ制度などを明記することが義務付けられています。これらの記載がない場合には，契約書面をもらってから20日を経過してもクーリング・オフができます。

　そこで，契約書に署名捺印する前に内容をよく見て，仕事の内容・単価・提供される仕事量，仕事を提供されるための条件の有無や内容，特定負担の有無と内容などを確認しましょう。納得できない内容だったり，広告や勧誘の際の説明とは違っている場合には，不誠実な事業者ということですから，契約すべきではありません。

●解決手段

　もらった契約書面が不備であれば，20日を過ぎていてもクーリング・オフできます。勧誘の際に業務提供利益・特定負担・商品やサービス，クーリング・オフ制度などについて，事実と異なる説明をしたり，説明しないで隠しており，その結果消費者が誤解して契約したのであれば，契約を取り消す方法も利用できます。

4　契約前には概要書面で確認

> **Q**　　求人広告を見て説明会場に行きました。業務の内容は，パソコンを使用したホームページ制作の仕事です。仕事をするために必要な特定の事業者指定の機種のパソコンとソフトを購入する必要があると説明されました。
>
> 　仕事を始めるにあたって経済的出費が必要となると，慎重に考えたいと思います。契約前には，どんなことに注意をすればいいでしょうか。

●概要書面の交付義務

　業務提供誘引販売取引を行う事業者には，消費者と契約を締結する前に取引の概要について説明した「概要書面」を消費者に交付すべき義務があります。

　これは，消費者が契約するかどうかを選択するために必要な情報を，消費者が契約する前の段階で書面にして交付させる制度です。そうすれば，消費者は，契約するかどうかを決める段階で，概要書面でその事業者の業務の内容を確認することができます。

●概要書面の記載事項

　概要書面には，次の事項を記載する義務があります。
① 　事業者の正式な氏名か名称，住所，固定電話番号，代表者の氏名
② 　商品の種類，性能，品質に関する重要な事項（権利，役務（サービス）の種類およびこれらの内容に関する重要な事項）
③ 　商品名
④ 　提供される商品や役務を利用する業務の提供（あっせん）の条件に関する重要な事項
　　提供する業務の内容，提供する業務の量，業務を行うと支払われる報酬の単価や支払条件などの収入に関する内容など
⑤ 　特定負担の内容
　　仕事をするために必要とされる商品などの購入代金や技術指導などの講座の料金，加盟金，保証金などの金銭の負担内容

⑥　クーリング・オフ制度，そのほかの契約に関する重要な事項

⑦　個別クレジット契約の場合には，割賦販売法に定める支払停止の抗弁権があること（この点についてはＱ9とＱ10で詳しく紹介しています）

●概要書面で確認を

内職・モニターなどの仕事をしようとする場合には，説明を聞きにいったその日にその場で契約するのは避けるべきです。まず，当日は，概要書面や説明資料などをもらって帰ります。そのうえで，概要書面など渡された書面で内容を十分確認します。

●ここをチェック

概要書面を確認する場合には，特に業務の提供に関する記述がきちんとされているかを十分注意してみるようにしましょう。

ここの部分の記述が，説明会などで説明されたものと同じか，自分が事業者に守ってもらいたい条件が明確に記載されているか，は大切なチェックポイントです。一定量の仕事を毎月提供してもらえると信じて契約したのに，わずかな仕事しか提供してもらえなくて，実際にはほとんど収入に結びつかない，かえって仕事のため必要だと説明されて購入した商品代金の支払いに追われて苦労する，という被害が少なくありません。

また，仕事にあたって必要な経済的負担（特定負担）も慎重に確認してください。

被害に遭わないためには，概要書面の段階で，確実に事業者が約束する業務の提供の内容，量，報酬の単価や支払条件，特定負担などについて確認しておく必要があります。

5 契約書面の記載事項

> **Q** 内職商法の契約書面には，どんなことを書く必要がありますか。

●契約書面を交付する意味

契約書面は，消費者が契約したときに，具体的な契約内容を明確にするために，消費者に対して交付するよう義務付けられているものです。

したがって，記載内容は，契約の具体的な内容になります。

契約書面の交付日は，クーリング・オフ期間の起算日になります。記載事項に不備がある場合には，クーリング・オフ期間は始まらないことになっています。

これは，記載内容が不備な場合には，契約内容についての情報が不十分であることから，熟慮期間の起算日にはならない，とする考え方によるものです。

●どんな事項を記載する必要があるか

業務提供誘引販売取引では，「契約書面」には，以下の事項を記載する義務があります。

① 商品の種類，性能，品質に関する重要な事項（権利，役務（サービス）の種類およびこれらの内容に関する重要な事項）

② 商品（提供される役務）を利用する業務の提供（あっせん）についての条件に関する重要な事項（業務提供利益）

③ 特定負担に関する事項（業務を提供してもらうために負担する金銭負担，費目ごとにすべてを書く。合計金額も書く必要がある）

④ クーリング・オフ制度に関する事項

⑤ 業務提供誘引販売業を行う者の氏名（名称），住所，固定電話番号，法人にあっては代表者の氏名

⑥ 契約の締結を担当した者の氏名

⑦ 契約年月日

⑧ 商品名，商品の商標または製造者名

⑨　特定負担以外の義務についての定めがあるときには，その内容
⑩　割賦販売法に基づく抗弁権の接続に関する事項（支払停止の抗弁のこと）

　さらに，契約書面をよく読むべきことを赤枠の中に赤字で記載すること，クーリング・オフについても赤枠の中に赤字で記載する必要があります。文字の大きさは8ポイント（官報の字の大きさ）以上であることが必要です。

●業務提供利益についての記載
　業務提供利益は，最も重要な事柄です。
　そこで，提供される業務については，具体的な業務の内容，単価，一定期間に提供される業務の量（たとえば，1週間に提供を約束する仕事量とか，1か月間に提供することを約束する仕事量）などを具体的に明記する必要があるとされています。
　セールストークでは，どんなに高収入が得られると説明されていても，契約書の「業務提供利益」の部分が具体的でも明確でもない場合には，信頼できない話と考えてクーリング・オフをするのが安全でしょう。

6　業務提供誘引販売のいろいろ

> **Q**　業務提供誘引販売にはどんなものがありますか。具体例を教えてください。

●業務提供誘引販売の定義

法律では，次の要件に該当するものと定義しています。

① 事業者が物品の販売または役務の提供（そのあっせんを含む）をする者で，

② 業務提供利益が得られると言って相手方（消費者）を誘引し，

③ その者と特定負担を伴う

④ 商品の販売または有償での役務提供取引

　内職商法では，収入を当てにして商品の購入などの出費をしているので，「業務提供利益」があるかどうかが重要です。ポイントになるのは，「仕事を提供する」という説明と，「仕事をするために必要な商品やサービスを購入する必要がある」という，本来は異質な別々の話がセットになっているという点です。

●いろいろな内職商法

　これまであった業務提供誘引販売の例を紹介しましょう。内職商法にも，いろいろなものがあります。過去に問題になった典型的な例としては，次のようなものがあります。

① モニターになってモニターレポートを書くと収入になると説明して，モニター対象商品を買わせる。たとえば，浄水器モニター，太陽熱温水器モニターなどで被害が多発したことがあります。

② 商品を購入し，自分で使用した使用感に基づいて販売すると歩合収入になると説明して商品を買わせる。布団や呉服のモニター商法。収入は売上げに応じた歩合制のことが多い。

③ 呉服の展示会での内職商法。呉服の展示会での仕事をするために，制服として自社の呉服を購入して着用することを条件とするもの。収入は，時

給のものもあるが，多くは売上げに応じた歩合制になっている。

④　パソコンやワープロの内職をするために，仕事に必要なパソコンやワープロ，ソフトなどを購入させる。仕事の紹介が少ない，仕事が難しくこなせない等の被害がある。

⑤　パソコン内職をするために，技術を身につけるためとか資格を取得する必要があると説明して，教材や通信講座の契約をさせる。社内試験をクリアしない，公的資格がとれないなどで，仕事がもらえないという被害が多い。

⑥　モデル募集。モデル募集に応募したら採用のためには高額なモデル講座の契約が必要というケース。講座は受講したのにほとんど仕事は紹介されないという被害です。

⑦　公的資格や民間の資格をとるための講座を開催し，講座で勉強して資格を取得した者には仕事を紹介するとか，雇用するとか説明するもの。簡単に資格がとれるような説明をするのに，資格がとれない被害が多い。行政書士資格，トリマースクール，ネイルアート，エステなどで被害があります。収入が少なくて割が合わない例もあります。

⑧　チラシ配り内職やDMの宛名書き内職。内職のためにチラシやDMを購入させられる。収入は，チラシやDMを見て契約した人がいると歩合がもらえる。

⑨　代理店商法。お掃除チェーン，レンタルビデオ代理店，宅配などさまざま。代理店になるため必要な備品を購入したり有料の研修を受けて事業者の代理店になる。仕事は，事業者からあっせんしてもらったり，提供してもらう仕組み。

　　代理店でも，仕事を提供されることはなく自分で開拓しなければならないという場合には，業務提供誘引販売にはなりません。また，法人化したり，自宅とは別に事業所を設ける場合も，事業者とみなされることになるため適用はありません。

● なぜトラブルが起こるのか

典型的なトラブルは，収入が乏しいというもの。事業者との「業務提供の約

束」があいまいだったり，事業者が倒産してしまったなどというものです。

　購入した商品と，そのための多額の個別クレジット契約や消費者金融からの債務が残って困るというトラブルがほとんどです。中には，よくよく調べてみたら「業務の提供」の約束はなく，事業者のミスリードによって消費者が思い込まされてしまっていたという例もあります。各種通信講座の広告では，この手のものが結構あります。

●ここをチェック

　仕事の提供はどのような仕組みになっているのか，1か月とか1週間とかの一定期間に提供される仕事の内容や質・量やその対価はどうなっているかなどを，概要書面と契約書面で十分確認しましょう。雰囲気やあいまいなセールストークをうのみにしてはいけません。

　「月○○万円稼いでいる人がいる」という例示のセールストークでごまかされないように，具体的な契約条件を書面でチェックしましょう。

　事業者の社会的信用度などを調べることも大切です。

7 クーリング・オフ制度

> **Q** 業務提供誘引販売取引でクーリング・オフをする場合の注意点を教えてください。

● クーリング・オフ期間

　クーリング・オフについて最も注意が必要なのは，クーリング・オフ期間です。業務提供誘引販売取引の場合には，契約書面の交付の日を初日として計算して，20日目までとなっています。20日目までの消印で，クーリング・オフの通知を発信するということが大切なポイントです。

● 契約書面に不備があるとき

　契約後に交付された書面の記載に不備がある場合にはクーリング・オフ期間は始まりません。契約から20日が過ぎてもクーリング・オフが可能です。

　購入する商品やサービス，特定負担（すべての負担を費目ごとに明記する必要がある），業務提供利益（仕事の内容，提供する量，単価，支払時期，支払方法などの記述はあるか），クーリング・オフ制度，支払停止の抗弁の記述などが明確に記載されているか，よく書面で確認しましょう。

● 通知は書面で行う

　次いで，書面で通知をすることも大切なポイントです。特定商取引法では，書面によるほか電子メールなどの電磁的手段で行うこともできるとしています（2022年6月1日から施行）。ただし，後々のトラブルを避けるうえでは，通知したことを後々もはっきり説明できるように，文書にしてコピーをとり，簡易書留や配達証明などで通知するのが，最も安全です。配達証明付き内容証明郵便なら一番確実です。

　また，関連するすべての事業者に，念のためにクーリング・オフの通知をするようにします。業務のために必要な商品などを事業者の紹介した別業者から購入した場合には，その販売業者にも通知します。個別クレジット契約を利用した場合には，クレジット会社にも通知し，あわせて個別クレジット契約の支

払いを停止する手続をとっておきます。

　業務の提供が，事業者のあっせんする別業者によるという場合には，業務提供を行う事業者にも通知をしておきます。

　業務提供誘引販売取引では，事業者がたくさんかかわってくる形態のものもあるので，契約内容をよく確認して，関連する事業者にはすべて通知をするようにしておくのが混乱しないようにするコツです。

　クーリング・オフすれば，最初に遡って契約はなかったことになります。支払い済みの金銭はすべて返還してもらえます。引き渡された商品などは，事業者の費用負担で引き取ってもらいましょう。

●クーリング・オフ妨害があったとき

　事業者にクーリング・オフ妨害行為があったためにクーリング・オフ期間が過ぎてしまったという場合には，契約書面交付の日から20日間が過ぎてもクーリング・オフできます。

　たとえば，クーリング・オフしようとしたら威迫されてあきらめた，「この契約はクーリング・オフはできない」と嘘をつかれてあきらめた，などという場合には，20日が過ぎていてもクーリング・オフできます。再交付書面（改めてクーリング・オフができることを説明した文書のこと）の交付から20日過ぎるまでできるということになっています。

8　勧誘の際にウソがある

> **Q**　内職商法で，事業者の勧誘の際の説明にウソがあったことがわかりました。クーリング・オフ期間は過ぎていますが，まだ，契約を取りやめることはできますか。

●不実告知等の禁止

　業務提供誘引販売では，勧誘の際に重要事項について事実と異なる説明をしたり（不実告知），知っていながら隠したり（不告知）することは禁止されています。違反した場合には，3年以下の懲役，または300万円以下の罰金，もしくは併科の罰則があり，行政処分の対象にもなります。

　ここで対象になる重要事項は，下記の事項です。

① 　商品の種類・性能・品質，権利もしくは役務（サービス）の種類・内容など

② 　特定負担に関する事項

③ 　クーリング・オフに関する事項

④ 　業務提供利益に関する事項

⑤ 　①〜④に掲げるもののほか，その業務提供誘引販売業に関する事項であって，業務提供誘引販売取引の相手方（消費者）の判断に影響を及ぼすこととなる重要なもの

●取消制度

　事業者に上記の違反があった場合で，

① 　重要な事実について，事実と違うことを告げられ，消費者が，告げられた内容が事実であると誤認した場合

② 　故意に重要な事実を告げられなかった場合であって，消費者が，告げられなかった事実が存在しないと誤認した場合

には，消費者は，その契約を取り消すことができます。業務提供誘引販売契約全体を取り消すことができるので，売買契約などもまとめて取消しできます。

●個別クレジット契約を利用しているとき

　商品やサービスの購入契約で，個別クレジット契約を締結している場合には，個別クレジット契約も同時に，取り消します。この場合には，業務提供販売業者に取消通知を出すのと同時に，あわせてクレジット会社に対しても契約を取り消す旨の通知を出す必要があります。

　取消期間，方法，清算ルールなどは第1章Q7を参考にしてください。

●消費者金融を利用しているとき

　割賦販売法により，個別クレジット契約も同時に取消しできるようになったことから，販売業者が個別クレジットの利用をすすめることはほとんどなくなり，消費者金融の利用に移行しています。

　消費者が「契約したいが，お金がないので支払えない」というと，「消費者金融を利用すればよい。利益で返済できる。皆そうしている」などと言い，アプリローンで借り方を教えるわけです。消費者金融からの借金には，個別クレジットのような支払停止や取消しの制度はないので，借金の返済義務は残ります。

9　モニター料が支払われない──支払停止の抗弁制度

> **Q**　太陽光発電装置のモニターになりました。モニターの対象商品は，分割払いの個別クレジット契約で購入し，毎月モニターレポートを提出すると，月5万円のモニター料が支払われる約束でした。
>
> 契約から4か月たった先月分の支払いがされませんでした。こういうことでは，月々のクレジットの支払いが持ち出しになるので困ります。何か対策はありませんか。

●業務提供誘引販売取引か

モニター業務をするためにモニターのための対象商品を事業者から購入しているというケースです。典型的な業務提供誘引販売取引に該当します。事業者から交付されている契約書にも，「業務の内容は太陽光発電装置のモニター」「モニター料は毎月5万円」と記載されています。したがって，特定商取引法の業務提供誘引販売取引の規制が適用されます。

●モニター料の支払いがない

このケースで問題となっているのは，事業者から約束されたモニター料の支払いが守られないということです。消費者は，仕事を提供してもらって収入を得るために契約したわけですから，仕事をしても対価は支払われず，仕事を提供してもらうために購入しなければならなかった商品の代金支払いの負担がかかってくる，というのは大変不本意であることは当然でしょう。場合によっては，家計を圧迫してかえって生活の破綻を招く危険もあり，深刻な事態になることも予想されます。

この場合のポイントは，仕事の対価を支払ってもらえないということを理由に，クレジット会社に対する支払いを止めることができるか，ということです。

●支払停止の抗弁制度

業務提供誘引販売取引では，業務提供とそのための商品等の購入とを一体の契約として扱います。クレジット会社に対しても同じです。

　したがって，モニター料の支払いがないことを理由にして，クレジット会社
に対する支払いを停止することができます。クレジット会社に対して，「モニ
ター料の支払いがないから，個別クレジット契約の支払いを停止する」といっ
た内容の通知を出したうえで，支払いを停止する手続をとります。

　黙って支払いを停止すると，単なる延滞と区別がつかないため，延滞金とし
て遅延損害金の請求をされ，最悪のケースでは一括請求されます。さらに，信
用情報機関（株式会社シー・アイ・シー）のいわゆる「ブラックリスト」に登
録されるなどの不利益な扱いを受けることになります。支払停止のときには，
事前に必ず支払停止をする事情について通知しましょう。また，きちんと資料
として保存されるために，通知は文書で出します。自分でもコピーをとって保
管しておきましょう。

　事業者にも，モニター料の支払いをするように請求します。請求にもかかわ
らず支払われない場合には契約を解除する旨も，あわせて通知するようにします。

　事業者からのモニター料の支払いが再開されたら，クレジット会社に対する
支払いを再開します。

●請求してもモニター料の支払いがないとき

　事業者に対する支払請求をしても支払われない状態が続いた場合には，債務
不履行（モニター料の支払いの約束が守られないこと）を理由に契約を解除す
る通知を，あらためて送付します。この文書は，内容証明郵便で送付します。
そのうえで，クレジット会社にも，事業者との契約を解除したこと，したがっ
て今後も支払いはしないことを通知します。

　モニター商法などで，仕事の対価の支払いがされなくなったという場合には，
一時的なことではなく，経営難となっているか，計画的な悪質商法であること
が多いと言えます。したがって，このような事態を起こした事業者は，いずれ，
倒産や夜逃げをするなどの危険があると考えて迅速に対処すべきです。支払い
が再開されることを期待して漫然と仕事を続けるのではなく，文書で対価の支
払いを請求し，それでも支払われない場合には契約を解除しましょう。

　モニター料の支払いだけでなく，約束された仕事の提供がされない場合も同
様です。

206

10　事業者が倒産した

> **Q**　パソコンソフトを購入しパソコン内職の契約をしました。「これから仕事」というとき，業者が倒産して仕事がもらえなくなりました。ソフトのクレジット代金が払えなくて困っています。

●支払停止の抗弁

　業務提供誘引販売取引では，事業者が業務の提供に関する約束を守らなかった場合には，それを理由にして，仕事をするために必要ということで事業者から（または，あっせんにより）購入した商品やサービスの代金についての分割の個別クレジット契約の支払いを停止することができることとされています。分割払いのクレジットカードで支払った場合も同様です（以上は，割賦販売法による）。

　このケースは，事業者が倒産してしまったのですから，業務を提供するという約束が守られなくなった典型的なものです。

　したがって，クレジット会社に対して，事業者が倒産して業務についての対価の支払いがされなくなったことを説明して，クレジットの支払いを停止する手続をとることができます。クレジット会社に対する通知は，後で水掛け論にならないように必ず文書で提出して，写しを保管しておきます。あわせて，銀行に行って支払いを停止するために必要な手続もとるようにします。

●支払停止の手続はすみやかに

　業務の提供や対価の支払いがきちんとされないという事態が発生したら，ただちに支払停止の手続をする，ということは大変大切なことです。

　消費者が自分から支払停止の手続をとらなければ，業務の提供が契約どおりされていなくても，また業務を行った対価がきちんと支払われていなくても，クレジット会社は，毎月の支払金額を自動引落し手続によって回収し，返してもらえなくなります。

第8章

「訪問購入」をめぐる
トラブル事例と対応の仕方

　訪問購入とはいわゆる「押し買い」のこと。かつてはこのような被害はありませんでしたが，2010年から爆発的に被害が増加しました。購入業者が訪問してきて貴金属や宝飾品などを強引に買い取っていくトラブルが典型的なものです。

　この章では，2012年に規制対象とされた「訪問購入」について，被害事例と消費者保護の制度について紹介します。

1　訪問購入とは──規制の概要

> **Q**　訪問購入とは聞き慣れない言葉です。どんな取引でどのような問題が起こっているのですか。また，特定商取引法で規制している訪問購入の定義と規制概要を教えてください。

●訪問購入の問題点

　訪問購入は，消費者から見た場合には「押し買い」といわれる取引です。「押し売り」は典型的な自宅訪問販売ですが，「押し買い」はその逆で，購入業者が消費者宅を訪問して消費者が持っている物品などを強引に買い取っていくというイメージのものです。

　断ったのにわずかなお金を置いて強引に持って行ってしまった，処分するつもりはないので返してもらいたいがどこの業者かわからない，返すように業者に言ったら「クーリング・オフ制度はない」とか「溶かして処分してしまった」と言われた，などの被害が多発しました。

　被害者には年配の女性が多く，買い取られた商品はほとんどが貴金属類や宝飾品などでした。

　このような被害は2010年から爆発的に増加しました。背景には，金・プラチナなどの国際相場の高騰があります。業者は，安く買い集めて海外に高く転売して利益を得ることを目的としているといわれます。

●法律で規制している訪問購入

　特定商取引法は，2012年8月に「押し買い」を「訪問購入」として規制対象に追加する改正をしました。規制対象となる訪問購入は下記の要件をすべて満たす取引です。

　①　買取事業者による取引であること
　②　事業者の営業所等以外の場所での取引であること（営業所等以外の場所で，売買契約の申込みを受け付けるか契約を締結すること）
　③　原則としてすべての物品が対象

●ポイント

原則としてすべての物品が対象となります。

訪問購入では，売るのは消費者なので「商品」という表現は適切ではないことから「物品」とされました。物品とは「有体物」を指します。無記名債権も含まれます。

ただし，物品でも規制対象とするのに適切ではないものは適用除外として政令で指定されています（この章のQ2を参照ください）。

●規制の概要

訪問購入については次の規制を定めています。消費者にとって不意打ち的な取引である点は訪問販売と同様です。そこで，基本的には訪問販売に準じた規制をしていますが，購入の特殊性から訪問販売にはない規制も導入しています。

- 消費者から勧誘の要請がない訪問勧誘は禁止（不招請勧誘の禁止）
  これは訪問販売にはない規制で，訪問購入で新たに導入されました。
- 勧誘に先立って事業者名，買取物品の種類，訪問目的などを明示すること
- 勧誘をすることについて消費者から同意を得ること
- 消費者から断られた場合の居座りや再勧誘の禁止
- 勧誘時，クーリング・オフを妨害するため，強引に物品の引渡しをさせるための不当な行為の禁止
- 申込受付時，契約締結時の書面交付義務
- 転売先へのクーリング・オフの可能性についての説明義務
- 転売した場合の消費者への通知義務
- 8日間のクーリング・オフ制度
- クーリング・オフ期間内は売却した物品の引渡しを拒絶する権利を消費者に付与
- 違反があった場合の調査，改善指導，業務停止と事業者名の公表などの行政監督制度と刑事処罰。行政処分の権限は国（消費者庁）と都道府県にある。

2 適用されない取引

> **Q** 訪問買取りでも訪問購入の規制が適用されない取引はありますか。

● 概　要

訪問購入の規制の適用がない取引としては，次の３種類のものがあります。

- 適用除外の物品として政令で指定されたもの
- 信頼関係がある取引類型として指定されたもの
- 被害が起こらない取引形態として指定されたもの

● 適用除外の物品

① 相手方である消費者の利益を損なうおそれがないとして除外されたもの

- 大型家電・家具

  ただし，骨董品などのプレミアムのついたものは除外されません。

- 書籍・CD・DVD，ゲームソフト，有価証券（持参人払式の小切手や商品券も含む）

② 訪問購入規制の適用を受けることとされた場合に流通が著しく害されるおそれがあると認められるという理由で除外されたもの

- 自動車（二輪のものを除く）

これらの物品に関する訪問購入には規制が及びません。

● 全面的に適用除外とされる取引

次の訪問購入については，訪問購入の規制は全面的に適用がありません。

一　売り手が営業のために若しくは営業として契約する訪問購入

二　本邦外に在る者に対する訪問購入

三　国又は地方公共団体が行う訪問購入

四　次の団体がその直接又は間接の構成員に対して行う訪問購入

　　イ　特別の法律に基づいて設立された組合並びにその連合会及び中央会

　　ロ　国家公務員法第108条の２又は地方公務員法第52条の団体

　ハ　労働組合
五　事業者がその従業者に対して行う訪問購入

●氏名等の明示・勧誘の同意を得る義務・再勧誘の禁止の規制のみ適用がある
　取引
　それ以外の規制は適用がない取引です。書面交付やクーリング・オフの適用
はないので注意が必要です。

(1)　消費者の住居において売買契約の申込みまたは売買契約を締結することを
　請求した消費者に対して行う訪問購入

　　具体的には，消費者がその事業者に買い取ってもらうことを決めたうえで，
　買取りに来るように請求する場合を指します。査定だけのつもりである場合
　や，査定してもらったうえで査定価格によっては買い取ってもらってもよい
　かなと思って自宅に来るように求める場合には，この適用除外には該当しま
　せん。

(2)　購入業者がその営業所等以外の場所において物品につき売買契約の申込み
　を受けまたは売買契約を締結することが通例であり，かつ，通常売買契約の
　相手方の利益を損なうおそれがないと認められる取引の態様で政令で定める
　ものに該当する訪問購入

　　政令では「御用聞き取引」と「常連客」との取引と「引越しに伴う訪問買
　取」が指定されています。

　　常連客とは，過去1年間に満足できる取引経験がある顧客を指します。訪
　問販売と同様の考え方をとっていますので，訪問販売の適用除外の項（第2
　章　Q5）を参照してください。

3　不招請勧誘の禁止

> **Q**　訪問購入では消費者が事業者を呼んだ場合以外は，事業者のほうから訪問することは禁止されたと聞きました。これはどういう制度ですか。

●不招請勧誘の禁止の概要

　特定商取引法では，訪問購入業者は訪問購入に係る売買契約の締結についての勧誘の要請をしていない者に対し，営業所等以外の場所において売買契約の締結について勧誘をし，または勧誘を受ける意思の有無を確認してはならないと定めています。

　消費者から「勧誘に来てください」と頼まれない限り，消費者のところに訪問してはいけないということです。いわゆる「とびこみ勧誘」を禁止したということです。違反すると行政処分の対象になります。

●商品先物取引の規制との違い

　不招請勧誘の禁止の規定は，商品先物取引法や金融商品取引法（規制対象は，外国為替証拠金取引（FX）のみ）にも導入されています。これらの規制では，訪問勧誘だけでなく電話勧誘も禁止されており，実務ではメールでの勧誘も禁止しています。

　しかし，訪問購入では電話勧誘やメールでの勧誘は禁止していません。そのため，事業者から電話で勧誘して訪問の同意を取り付けたうえで訪問勧誘をすることは許されています。最近ではこの手法が多く用いられているようです。

　ただし，電話をかけて訪問勧誘の約束を取り付けた場合であっても，「呉服の買取りをします」といって電話をかけて訪問の約束を取り付けてやってきたのに，実際は貴金属の買取りが目的だったという場合には，貴金属の訪問購入については不招請勧誘の禁止に違反しているということになります。

●不招請勧誘による契約の場合

　依頼していないのに来訪した事業者（いわゆる「とびこみ勧誘」）と契約し

た場合にも，業務の規制はすべて及びます。クーリング・オフ制度の適用もあります。

4 査定の依頼をした場合

> **Q** チラシを見て査定の依頼をして来てもらった場合には訪問購入の規制は及びませんか。

●訪問購入被害の実態

　貴金属等の訪問購入では，チラシや業者のホームページを見て無料の査定を依頼するのがきっかけになるケースがあります。「無料で査定します。査定だけでもしてみませんか」などというものを見て，「処分するつもりはないけれど，価値を知りたいので査定だけ頼もう」などと考えて申し込むわけです。中古品の売却では，査定価格は消費者には判断がつかないため，まず事業者に査定（見積り）してもらう必要があります。そこで，訪問販売と違って査定についての扱いが問題となります。

●査定の依頼と訪問勧誘規制

　物品の査定の依頼とその物品の買取りを頼むかどうかは別問題です。そこで，消費者が査定の依頼だけをした場合には，訪問した事業者は勧誘をすることは禁止されています。査定だけして帰らなければなりません。査定の依頼を受けて消費者宅を訪問したついでに買取りの勧誘もすると不招請勧誘に該当し，違法行為になります。

　ただし，消費者が査定を依頼するときに査定金額によっては売ってもよいので話を聞きたい，といって申込みをしている場合には，訪問購入の勧誘の要請もあったということになるので，勧誘してもよいということになります。

　ただし，勧誘の要請があって訪問した場合であっても，氏名等の明示，勧誘同意を得る義務，再勧誘の禁止，不当な勧誘行為などの禁止，契約書面などの交付義務，クーリング・オフ制度などの適用があります。

　査定だけの依頼をしたものの，消費者から買取りを求めること自体は禁止されているわけではありません。なお，こうした事情で契約した場合にもクーリング・オフ制度などの適用があります。

5　買取業者が守るべき訪問時のルール

> **Q**　買取業者が消費者宅に訪問してきた場合には，どんなルールを守ることが義務付けられているのですか。

●訪問勧誘の入り口のルール

消費者から勧誘の要請を受けて消費者宅を訪問したときは，下記のルールを守る義務があります。

①　購入業者は，訪問したら開口一番，事業者の氏名または名称，売買契約の締結について勧誘をする目的である旨および当該勧誘に係る物品の種類を明らかにしなければなりません。

②　購入業者は，勧誘を受ける意思があることを確認することをしないで勧誘してはなりません。

　　訪問販売では努力義務にとどまりますが，訪問購入では法的義務にレベルアップしています。

③　購入業者は，契約を締結しない旨の意思を表示した消費者に対し，勧誘してはいけません（再勧誘の禁止）。

　　居座って勧誘を続ける行為や何度も訪問することも禁止されています。

●勧誘の要請・契約締結の請求があったとき

以上の勧誘の際の入り口のルールは，消費者から契約の締結について勧誘の要請があったため事業者が訪問した場合にも，自宅で契約したいと考えた消費者が事業者を「お宅に売ることに決めたので買取りに来てほしい」と呼んだ場合でも，すべて適用があります。

6　契約書面の交付義務

> **Q**　貴金属等の訪問買取りでは，事業者がどこの誰かがわからなかったり，何をいくらで買い取ったのかがわからなくて困ることがあると思います。そういうことがないように配慮した制度はありますか。

●書面の交付義務

　訪問購入のトラブルでは，相手の事業者がどこの誰かわからない，契約内容がわからない，などの問題が深刻でした。そこで，訪問販売と同様に，申込みを受け付けた場合にはただちに申込書面を，契約を締結したら遅滞なく契約書面を交付することを義務付けました。この書面交付義務に違反した場合には刑事罰の定めがあります。

●記載すべき事項

　書面が渡されたとしても内容が不十分では意味がありません。そこで，これらの書面に記載すべき事項が法律で定められています。記載内容に不備がある場合にも刑事罰の対象になります。なお，営業所等以外の場所で申込みを受け，営業所等で契約を締結した場合にも，申込書だけでなく契約書面の交付義務があります。

　一　物品の種類
　二　物品の購入価格
　三　物品の代金の支払の時期及び方法
　四　物品の引渡時期及び引渡しの方法
　五　クーリング・オフ制度に関すること
　六　クーリング・オフ期間内は物品の引渡しの拒絶権があること
　七　前各号に掲げるもののほか，主務省令で定める事項

　　たとえば，申込年月日や契約年月日，物品の特徴，事業者の住所・名称・担当者の氏名などを記載する必要があります。

7　現金取引の場合の交付書面

> **Q**　訪問買取りでは事業者が現金を置いて物品を引き取っていくことが多いのではないかと思います。この場合の書面の交付はどうなりますか。

●引渡し拒絶権

　訪問購入では，購入業者に売却した物品を渡してしまうと転売されてクーリング・オフをしても現物を取り戻せない危険があります。そこで，訪問購入の規制では，消費者はクーリング・オフ期間内は売却物品の引渡しを拒絶できるという権利を設けました。ですから，その場で物品を渡してしまうことは避けたほうが賢明と思われます。

●交付書面の規制

　ただ，その場で代金と物品の授受を完了させる場合もありうることから，その場合の交付書面についても規制を設けています。購入業者は，購入契約を締結した際に，代金を支払い，かつ，物品の引渡しを受けたときは，直ちに，主務省令で定めるところにより下記の事項を記載した書面を交付しなければなりません。
　　一　物品の種類
　　二　物品の購入価格
　　三　クーリング・オフ制度に関すること
　　四　前各号に掲げるもののほか，主務省令で定める事項
　　　　たとえば，契約年月日，事業者の住所・名称・担当者の氏名，物品の特徴などです。

8 クーリング・オフ制度

> **Q** 訪問購入業者と契約してしまった場合に，契約後でもやめる方法はありますか。

● 8日間のクーリング・オフ制度

消費者は，法律規則で定められた記載事項がすべて記載された申込書か契約書を受け取ったどちらか早い日を1日目と計算して，8日を経過するまではクーリング・オフをすることができます。購入業者が，クーリング・オフを妨げるために不実のことを告げる行為をしたか，威迫したことにより困惑して期間内にクーリング・オフをしなかった場合には，8日を経過してもクーリング・オフができます。

この場合には，購入業者が，「まだクーリング・オフができる」旨を記載した書面（再交付書面）を交付した日から起算して8日を経過するまでクーリング・オフ期間が延びます。

● クーリング・オフの行使方法

クーリング・オフは書面（ハガキなど）か電子メールで行うことができます。ただし，クーリング・オフを発信した日などをめぐって水掛け論にならないために，書面（書留など）で行うのが安全です。8日目までの消印ならよく（発信主義），購入業者に届くのは8日を経過した後でも有効です。発信日に，契約は最初に遡って解消される効果が生じます。

● 効果と清算方法

クーリング・オフが行使された場合には，購入業者は，損害賠償または違約金の支払いを請求することができません。契約は最初に遡って解消されるので，購入業者は購入物品をすみやかに返還し，消費者は受け取った代金を返還することになります。その代金の返還に要する費用およびその利息は，購入業者の負担となります。振込みで返金する場合の振込費用は購入業者の負担ということです。

　クーリング・オフ制度について，消費者に不利な特約を定めた場合にはその特約は無効であり，特定商取引法の規定に従うことになります。

220

9　クーリング・オフ制度の実効性を確保するための制度

> **Q**　購入業者が転売してしまった場合，クーリング・オフをしても物品を取り戻せなければ意味がないと思います。特定商取引法では，この点についてはどういう配慮をしていますか。

●被害の実状

　訪問購入について規制を導入するきっかけとなった貴金属の訪問購入被害では，事業者から「まとめて溶かして処分したので現物はない」といわれるケースもありました。金・プラチナなどをまとめて溶かすなどして現物を分離できなくなると取り戻すことは不可能です。また，転売され転売先に物品の引渡しがされた場合，転売先が「売り手に正当な所有権があり，クーリング・オフの可能性も知らない」ときには，転売先は即時に完全な所有権を取得してしまいます（民法上の即時取得）。この場合も，消費者は物品を取り戻せません。訪問購入の規制のあり方の検討では，この点についての配慮が大きな課題となりました。

●引渡し拒絶権

　そこで，消費者はクーリング・オフ期間が経過するまでは購入業者に対し，訪問購入に係る物品の引渡しを拒むことができる権利を設けました。申込書や契約書にも記載する義務があります。

　さらに，購入業者は消費者から直接物品の引渡しを受ける時は，消費者に対してクーリング・オフ期間が経過している場合を除き，物品の引渡しを拒むことができる旨を告げなければなりません。引渡し拒絶権について事実と異なる説明をすること，説明しないで拒絶権を知らせないこと，威迫して困惑させて物品の引渡しをさせることを禁止し，刑事罰の制度も設けました（3年以下の懲役または300万円以下の罰金または併科）。

●転売先への通知義務

　購入業者は，クーリング・オフ期間内に消費者から引渡しを受けた物品を第

三者（転売先）に引き渡したときは，その転売先に対して，「クーリング・オフがされている場合にはされたこと，まだされていない場合にはクーリング・オフされる可能性があること」を書面で通知する義務があります。違反した場合には，行政処分の対象になります。

　通知を受けた転売先は，クーリング・オフの可能性について知っているということになるので，「善意無過失」とはいえないことになって即時取得はしません。消費者は，転売先に対してクーリング・オフを理由に物品の返還を要求できるということになります。購入業者に，転売先に通知するべきことを義務付けた理由は，消費者がクーリング・オフをした場合に転売先に対しても売却物品の返還を求めることができるようにするためです。

●転売したことの通知

　購入業者は，クーリング・オフ期間内に，消費者から購入して引渡しを受けた物品を転売して引き渡した場合には，転売して引き渡したことおよびその引渡しに関する事項として主務省令で定める事項を，遅滞なく消費者に通知する義務があります。具体的には，転売先の住所・氏名／名称，転売価格，転売先の使用目的（たとえば，原材料として使用する，など）などです。この通知は書面による必要はありません。

10 不当な違約金の請求

> **Q** 訪問購入で契約したのですが，クーリング・オフ期間を経過してから物品の引渡しを拒絶したところ，売却価格の３倍の違約金の支払いを請求されました。クーリング・オフ期間を経過したのに売却物品の引渡しをしなかったこちらも悪いとは思いますが，あまりに法外だと思います。

●損害賠償等の予約の制限

　特定商取引法では，いったん有効に成立した訪問購入契約が，クーリング・オフや取消しではなく（これらの場合には，それぞれの清算ルールによる），債務不履行があった場合や債務不履行などによって契約が解除された場合の損害賠償の予約についても制限を設けています。これは，違約金等の名目による「ぼったくり」を防止するためのものです。

●売買契約が解除された場合

　売買契約を解除した場合について損害賠償額の予定または違約金の定めがあるときにおいても，下記の場合に応じ当該各号に定める額にこれに対する法定利率（年３％）による遅延損害金の額を加算した金額を超える額の金銭の支払いを消費者に対して請求することはできません。

　　一　契約の解除が契約についての代金の支払後である場合
　　　　当該代金に相当する額及びその利息
　　二　契約の解除が契約についての代金の支払前である場合
　　　　契約の締結及び履行のために通常要する費用の額

●消費者が物品の引渡しをしない場合

　契約解除はせず購入業者が代金を支払った場合（つまり，消費者が売買代金を受け取っている場合）で損害賠償額の予定または違約金の定めがあるときにおいても，下記に掲げる場合に応じこれに対する法定利率（年３％）による遅延損害金の額を加算した金額を超える額の金銭の支払いを消費者に対して請求

することはできません。
　一　履行期限後に物品が引き渡された場合には物品の通常の使用料の額
　　　（物品の購入価格に相当する額から物品の引渡しのときにおける価額を
　　控除した額が通常の使用料の額を超えるときは，その額）
　二　物品が引き渡されない場合には物品の購入価格に相当する額

11　商品券で支払われた場合

> **Q**　自宅に訪問してきた業者に呉服等を買い取ってもらいました。しかし，その後に考え直してクーリング・オフの手続を取りました。ところが，業者は，代金の支払いが商品券でしたので「交換」であり「売買」ではないので，訪問購入の規制はなく，クーリング・オフはできないと主張しています。本当ですか。

●はじめに

　訪問購入の規制が導入されてから，特定商取引法の規制を免れるために商品券やプリペイドカードなどで支払いをする事業者が出現しました。これらの事業者は，契約書面等の交付義務を守らず，消費者がクーリング・オフをすると「交換だからクーリング・オフはできない。」と拒否をしていました。

　民法では，交換について「交換は，当事者が互いに金銭の所有権以外の財産権を移転することを約することによって，その効力を生ずる。」と定義しています。売買については，「売買は，当事者の一方がある財産権を相手方に移転することを約し，相手方がこれに対してその代金を支払うことを約することによって，その効力を生ずる。」と定義しています。事業者は，「商品券と交換しただけであり，代金を支払ったものではない」などと主張していたわけです。

●問題点

　しかし，消費者は物品を買い取ってもらったもので，事業者はその代金の支払手段として商品券やプリペイドカードを使用したにすぎません。

　たとえば，消費者が店舗で商品などを購入する場合に商品券などで支払うことがありますが，この場合の取引が売買契約であることは明白で議論の余地はありません。買取業者の支払手段が商品券などであったとしても，同様に解釈すべきことは明白です。

第 9 章

「ネガティブオプション」をめぐる トラブル事例と対応の仕方

注文もしていないのに一方的に商品を送りつけ代金を請求してくる商法があります。「送りつけ商法」とか「ネガティブオプション」と言われるものです。特定商取引法では，ネガティブオプションにより送りつけられた商品の取扱いについてのルールを定めています。

1　送りつけられた商品の代金は支払うべきか

> **Q**　送られてきた郵便物を開封したら，注文した覚えのない書籍と一緒に代金の振込用紙が同封されていました。買うつもりはありませんが，商品を受け取ってしまった以上，代金を支払わなければならないのでしょうか。
>
> 　勝手に送りつけてきたのは事業者のほうなのに，納得できません。こんな商法が許されていいものでしょうか。

●被害例

　注文した覚えがない商品を突然送りつけてきて代金を請求する商法があります。チャリティやボランティア団体などを名乗って，数千円程度の価格でボールペン，コインケース，アイマスクなどのごく安価な商品を送ってくるものや書籍類を送ってくるケースなどが典型的です。

　そのほかにも，叙勲者名簿に掲載されている人などを対象に皇室写真集を送ってきたり，お経を印刷したカードを送りつけてきたものもありました。最近では，高額なカニ等を送りつけてくるものがありました。

　いずれも，商品と一緒に代金の請求書や振込用紙が同封されています。「購入するつもりがなければ返送するように，返送されなければ購入の意思があるとみなす」といった記載をしてくるケースもあります。

　このように，消費者が注文していないのに一方的に商品を送りつけてくる商法のことを「ネガティブオプション」とか「送りつけ商法」と言っています。

●契約は成立していない

　契約は，売り手と買い手との間の合意があって，はじめて成立します。

　ただ，申込みに対して黙っていただけでは合意は成立しません。当然契約も成立するはずがありません。

　ネガティブオプションの場合には，消費者からの注文がないのに，一方的に事業者のほうから商品を送りつけてきています。この事業者が消費者のところに商品を送りつけるということが，事業者からの消費者に対する「契約の申込

み」に該当することになります。消費者が，この申込みに対して，購入するという承諾をすれば，売買契約は成立します。

　しかし，消費者が承諾しなければ契約は成立しません。ただ受け取ったというだけでは承諾したことにはなりません。

　承諾は，相手の事業者に対して，「契約します」と連絡するとか，代金を支払うなどの方法で通知をする必要があります。購入するつもりで売買代金を支払った場合にも，売買代金を支払うという方法で，承諾の通知をしたことになります。

　このケースでは，商品を受け取った消費者は，買うつもりはないと言っています。事業者に承諾の通知はしていないので，契約は成立していません。

●商品を返送しなければ契約は成立するか

　ネガティブオプションの場合には，「商品を返送しなければ契約は成立する」とか「商品を返送されない以上，代金は御支払いいただく」などという一方的な文書を同封してくるものもあります。こういう場合に，商品を返送しないと，事業者が言うように契約は成立するのでしょうか。

　契約は，売り手と買い手との合意により成立します。合意がないのに，契約が成立するはずはありません。これは，事業者が一方的に変更することはできない，契約の基本的なルールです。

●支払義務はない

　契約が成立していない以上，代金を支払う義務はありません。このケースでは，代金を支払わなくてもよいわけです。

2　受け取った商品は捨ててしまってもよいか

> **Q**　宅配便で送られてきた荷物を受け取りました。開けてみたら注文した覚えのないカニで，中に代金の請求書と振込用紙が同封されていました。
>
> 　購入したものではないのはもちろん，購入するつもりもありません。受け取ってしまったカニは，どうすればよいでしょうか。捨ててしまってもかまわないものでしょうか。

●代金の支払義務はない

　Q1で説明したように，注文したわけでもないのに販売業者が一方的に送りつけてきた商品は，うっかり受け取ってしまったとしても，売買代金を支払う義務はありません。購入するつもりがあるのであれば，支払えばよいですが，購入するつもりがないのであれば，代金を支払う義務はありません。

●受け取った商品の取扱い

　問題は，うっかり受け取ってしまった商品の取扱いです。

　代金を支払えば，消費者が，その商品の所有権者になるので，受け取った商品をどのように扱うかは，所有権者である消費者が自由に決めることができます。しかし，購入するつもりがないのであれば，送られてきた商品の所有権者は販売業者ということになります。消費者は，販売業者の所有物を預かる結果になってしまった，というわけです。

　民法の原則からすると，販売業者が取りにくるまで保管しておくか，着払いで販売業者に送り返すか，どちらかの選択肢があるように思われます。

　しかし，これでは，注文していない消費者に対して，いきなり商品を送りつけるという乱暴な方法で商品を販売しようとする販売業者の横暴と言ってもよいビジネスのやり方によって，消費者が思いにもよらない負担を負うことになってしまいます。あまり公平な取扱いとは言えないのではないでしょうか。

　そこで，特定商取引法では，従来からネガティブオプションにより受け取ってしまった商品の取扱いについて，消費者保護のための制度を設けていました。

●2021年7月5日までに受け取った場合

　従来の制度では，ネガティブオプションにより消費者に商品を送りつけた販売業者は，消費者が商品を受け取った日から14日を経過した場合には，その商品の返還を求めることはできないとする規定を設けていました。これを消費者側から見ると，商品を受け取ってから14日間は，商品を保管しておく必要がある。受け取ってから14日を経過したら，保管しておく必要はなくなり，処分してよいことになる，ということでした。

　しかし，受け取った商品が「カニ」のように腐りやすいものであった場合には，たとえ冷蔵庫で保管しておいたとしても14日間のうちに腐敗して商品価値はなくなってしまいます。受け取ってしまった消費者が困惑するのは当然です。

●2021年改正

　以前から，この事例のように鮮魚や果物などの生鮮食料品を送りつけてくるネガティブオプションが多発し，社会問題になっていました。2020年に発生した新型コロナウイルス感染症の拡大に伴って，品薄になったマスクをめぐる送りつけ商法などの問題も多発しました。

　そこで，このような事態に対処するために，2021年改正により，ネガティブオプションにより商品を消費者に送りつけた販売業者は，受け取った消費者に対して，商品の返還を請求することはできないと改正しました。この改正により，消費者は，受け取った商品を保管する必要はなくなり，ただちに処分することができるようになりました。

　改正法は，2021年7月6日から施行されました。施行日以後に受け取った商品に，改正法が適用されます。

　設問への回答は，「直ちに捨ててかまいません」ということになります。

3　会社宛てのネガティブオプション

> **Q**　小売業を会社組織で経営しています。この会社宛てに，注文していないのに，ビジネスマネジメントや節税対策の書籍が，しばしば送付されてきます。この場合にも，ネガティブオプションに関する規制は及びますか。

●商行為には適用されない

　特定商取引法は，消費者保護の視点から，取引の適正化を図ろうとする法律です。そのため，ネガティブオプションの定めについても，「その商品の送付を受けた者のために商行為となる売買契約の申込みについては，適用しない」とされています。株式会社の行う取引は，会社法で商行為とされています。会社宛てに商品を送りつけてきた場合には，特定商取引法の適用はありません。

●売買代金の支払義務

　ただし，これは，保管義務はないとする制度が及ばないだけです。

　商行為の場合でも，商品を送りつける方法で契約の申込みをした場合に，商品を受け取ったり返還しないというだけで，売買契約が成立するわけではありません。売買契約が成立するためには，申込みと承諾の意思が一致し，合意が成立している必要があります。

　したがって，商品が送りつけられた場合でも，受け取った側が，契約の承諾の通知をしない限りは売買契約は成立しません。契約が成立していなければ代金を支払う義務もないのは当然です。

●受け取った商品の扱い

　それでは，受け取ってしまった商品はどうすればよいのでしょうか。受け取ったままの場合には，所有者，この場合には「送りつけてきた事業者」が引取りにくるまで，通常の保管方法と注意を払って保管する義務があるとされています。これを民法では「事務管理」と呼んでいます。

　しかし，相手の事業者がいつ回収しにくるかは予測がつかないうえに，保管

していたために「返送していない以上代金を支払え」と請求してくる可能性も
残ります。このような請求があっても支払う必要はないことは，すでに説明し
たとおりですが，こうした事態が起こることはできれば避けたいと考えるのが
普通でしょう。

　こうしたことがないようにするためには，最初から宅配便や郵便で送られて
きた荷物などは，依頼したものかどうかを確認し，依頼したものでない場合に
は受取りを拒否することです。もし，受け取った後で確認したところはじめて，
依頼したものではないことが判明した場合には，すみやかに返送するのが一番
安心です。送料は相手の負担になるので着払いで返送します。その場合にも，
返送したことが証拠として確保できるような方法で返送するのが安全です。宅
配便で返送するか，郵送の場合には配達証明付書留郵便などで返送すると確実
でしょう。

　事業者は契約がないことを知りながらその商品を送りつけています。こうい
う場合の事務管理にかかる費用は事業者に請求できると考えられます。したが
って，送り返す場合には，着払いで返送すればよいでしょう。

第10章

特定商取引法を活用するために

　被害を防止するために，また被害に遭った場合に効果的に活用するためにはどうすればよいのでしょうか。

　この章では，特定商取引法を生活の中で活用するためのポイントを紹介しています。

1 被害防止の視点からの活用法

> **Q** 日々の生活を送るうえで，被害に遭わないために特定商取引法を活用するためのポイントを教えてください。

●規制のポイントは情報の開示

特定商取引法では，全部で7種類の取引について規制を定めています。これらの規制の中心は，事業者に対して，消費者に情報を開示させるということです。

これらの情報の開示は，取引形態ごとに若干違っていますが，「広告や書面で情報の開示を行う」という形をとっているという共通点があります。取引ごとの詳しい規制内容は，それぞれ該当する章で詳しく紹介していますが，それぞれどのような形で情報の開示，つまり消費者に対する説明をするように義務付けているかを，ここで簡単に整理してみましょう。

- 訪問販売，電話勧誘販売，訪問購入……申込書面，契約書面
- 通信販売……広告（インターネットなど電子画面を含む），特定申込画面（ネット通販の場合）
- 特定継続的役務提供取引，連鎖販売取引，業務提供誘引販売取引
  ……広告，概要書面，契約書面

●広告や書面をよく読む

この法律では，事業者が消費者に対してきちんとした情報の開示をすれば，消費者は，適切に判断できるチャンスが与えられるはずである，という考え方に立っているわけです。

したがって，被害防止の観点からは，事業者から提供されている書面などを十分に読み，他からも情報を集めたうえで自分が必要としているものかどうかを判断することが大切だということになります。事業者の名称と住所および販売員等の氏名，訪問や電話をかけてきた目的を確認することも大切なポイントです。

●はっきりと意思表示を

　ついで大切なことは，はっきりと相手に自分の意思を伝えるということです。

　契約の世界は，自分の言いたいことははっきりと相手に言うことを前提として成り立っています。消費者被害の中には，「自分は嫌だったのに，はっきり言うとカドがたつので言えなかった。気持ちを察してもらいたかった」というケースがあります。内心は嫌でも，直接，相手にそれを伝えていなければ意味がありません。

　契約の世界では，近所づきあいや親戚づきあいのように，なるべく感じの悪いことは言わないようにするというわけにはいきません。事業者から勧誘された場合には，いらないものは「いらない」とはっきりと断ることが大切です。あいまいな態度は禁物です。

　また，「いいです」「結構です」というあいまいな表現も，つけ込まれたり誤解されたりするもとです。はっきりと意味が伝わるように明瞭に表現することがトラブル防止のうえでは重要です。

　わからないことや確認したいことは，遠慮しないで確認しメモをとりましょう。遠慮して確認しないであいまいなままにしておいたためにトラブルに巻き込まれてしまったという場合には，救済できないケースもありえます。被害を未然に防止するよう十分配慮したいものです。確認したことが大切なことであれば，渡されている書類などに記載されているかどうかも確認しましょう。説明と書類の記載内容が食い違っている場合には，要注意です。

2　被害解決の効果的な方法は

> Q　被害に遭った場合の効果的な解決方法を知りたいと思います。
> 簡単で効果的な解決方法を教えてください。

●クーリング・オフ制度の活用を

　いったん結んだ契約をやめたいとき特定商取引法で定められている最も効果的な解決方法は，クーリング・オフ制度です。クーリング・オフ制度は，クーリング・オフ期間内に事業者に対してクーリング・オフの通知を書面や電子メールで発信すれば，一方的に契約を解除することができる制度です。

　相手が，不当な勧誘をしたことなどを証明する必要もなく，相手の同意も必要ありません。

　清算も，原則としてすべての代金を返還してもらうことができ，受け取った商品などの返還も事業者の費用負担で行わなければならないなど，消費者の保護が厚くなっています。

　2008年に導入された「過量販売の解除制度」は，契約締結から1年以内であれば，契約を解除ができる制度です。清算方法はクーリング・オフと同じ扱いになっています。高齢者などの過量販売被害で活用できます。

●期間が短いので注意

　ただし，クーリング・オフ期間は短いので注意が必要です。契約したら，事業者から交付された書面で内容を確認し，不必要と判断したら，すみやかにクーリング・オフをしましょう。

●クレジット会社にもクーリング・オフを

　2008年の割賦販売法改正で個別クレジット契約のクーリング・オフ制度が導入されました。特定商取引法上の契約（通信販売は除く）で個別クレジット契約を利用したときは，クレジット会社にもクーリング・オフの通知をしましょう。

　過量販売の解除制度も同様です。

●通信販売の場合

　通信販売にはクーリング・オフ制度はありません。広告で確認して返品制度のあるものを選び，返品制度を活用するようにしましょう。

●クーリング・オフできないとき

　クーリング・オフ期間が過ぎていてできないときには，勧誘の際の説明に問題がなかったかを検討します。重要事項について事実と異なる説明はなかったか，説明されていない重要事項はなかったか，そのせいで誤った選択をしてしまっていないか整理してみましょう。該当していれば，契約を取り消す旨の通知を相手の業者に送ったうえで解決のための話し合いを行います。

　2008年の割賦販売法改正で，個別クレジット契約も同時に取消しできる制度が導入されました。

　断っているのに居座られて契約させられたとか，帰してもらえず契約させられた場合には，消費者契約法の「困惑による取消し」が利用できます。

●中途解約

　勧誘の際の問題も業者の約束違反もないものの，不必要になったり，自分には向かないのでやめたいということもあるでしょう。特定継続的役務提供取引と連鎖販売取引については中途解約は自由にできます。事業者に中途解約する旨の通知を行い，法律で定められたルールに基づいて清算するよう求めましょう。清算ルールについては，各章を参照してください。

3 助言はどこで受けられるか

> **Q** 　自分ひとりでは判断に迷ったり，どうしてよいかわからないことがあります。たとえば，クーリング・オフ制度などを知っていても，自分のした契約に適用されるのか，具体的にどうすればよいのかなどを確認したい場合があります。そういうときには，どんなところに相談すればよいのでしょうか。

●消費生活センター

　最も身近なのが地方自治体に設けられている消費生活センターです。これは，消費者安全法に基づいて全国の都道府県や市区町村などの自治体が設けている相談窓口です。自治体によっては，消費者センター，生活センターなどという名称の場合もあります。

　この相談窓口では，消費者安全法に基づく公的資格を持った消費生活相談員が助言をしています。消費生活にかかわるさまざまな問題について助言が得られます。消費者契約に関する相談も受け付けています。

　消費者自身が事業者と交渉してもうまくいかない場合には，話し合いのあっせんもしてくれます。

　消費生活センターがわからないときには「188（いやや）」に電話をすると住まいの最寄りの相談窓口につながります。これは，消費者庁が相談窓口を知らない人でも身近な窓口に相談できるようにするために導入した「消費者ホットライン」という事業です。

●法律相談

　消費生活センターは，地方自治体が設置している消費者問題についての無料の相談窓口です。しかし，高度に法的な問題がポイントになっている場合や，問題がこじれてしまった場合，契約内容が複雑なものの場合には，消費生活センターでは対応できないこともあります。

　こうした場合には，弁護士による法律相談を利用するとよいでしょう。

　無料法律相談としては，都道府県や市区町村などで行政サービスとして無料

法律相談を行っている自治体もあります。基本的な相談，一般的な助言で足りるという場合には，これらの無料法律相談が利用できます。

　現実に紛争になってしまっている場合，こじれている場合，いざとなったら弁護士に依頼したいという場合には無料法律相談は向きません。弁護士会などでは，有料の法律相談を行っています。弁護士を知らない場合，消費者問題で相談に乗ってくれる弁護士を知りたい場合などには，弁護士会を利用するのがよいと思います。

　弁護士会は，県ごとに設けられていますから，最寄りの弁護士会に問い合わせてください。弁護士会などの法律相談は会によって違いがありますが，相談料の目安は，30分で5,000円（消費税別）程度です。利用するときに料金を確認するようにしてください。

　弁護士会では，弁護士に依頼したいと希望する人に弁護士を紹介する制度もあります。

● 法テラス（日本司法支援センター）

　経済的に余裕がないために，弁護士費用を支払うことができない人を対象にした制度としては，総合法律支援法に基づく法テラスがあります。

　法テラスでは，一定の所得以下の場合には，無料法律相談を行っています。また，相談のうえで，弁護士や司法書士に依頼して事件処理をすることが必要な案件であると判断した場合には，審査手続にまわすことができます。審査基準を満たした場合には，弁護士や司法書士のあっせんと費用の立替えをしています。

　審査の基準としては，①勝訴する見込みがないわけではないことと，②一定の所得以下であること，③民事法律扶助の趣旨に適すること，の３点です。

　　法テラスのサポートダイヤル　　0570-078374

　　（IP 電話やプリペイド携帯，海外からは，03-6745-5600）

4　相談する場合のコツ

> **Q**　相談する場合に，適切な助言を受けるためのコツを教えてください。

●経過をまとめる

　消費生活センターや法律相談を利用するときには，どんな点に注意したらよいのでしょうか。せっかく相談するのですから，なるべく有効な助言が得られるように工夫をしたいものです。大切なことは，「相手はどこの誰か，どういうことがあったのか。どうしてほしいと思っているのか」ということをなるべく具体的に伝えるということです。

　そのためにはまず，相談したい契約についての経過をまとめるようにします。

　事情が具体的にはっきりしているほど，状況の把握ができるので，適切な助言が得られます。事実関係の整理ができていないと，「この部分をメモにまとめてから，また相談に来てください」などということになって，時間がかかります。

　事業者を知った事情，勧誘の経過，契約した理由，契約後の経過，納得できなくなった事情や疑問点などをまとめたメモをつくると要領よく相談できます。

　あわせて，自分はどうしてほしいのか，どんなことが知りたいのかなどということも，メモなどにまとめておくとよいでしょう。

●資料を整理する

　関連する資料を用意して相談に行きます。事業者から渡されたパンフレット，広告，契約書などの各種書類，契約のときなどに相手や自分が作成したメモ類などは整理して用意しておきます。スマホの広告や申込画面，契約条項などはスクリーンショットで保存しましょう。再現が難しいケースもあるので，注意しましょう。

　最近の契約トラブルは，複雑化する一方です。口頭の説明だけでは，どういう内容の契約なのかさっぱり見当がつかない，などというケースが少なくありません。そういう場合には，事業者から渡された書類が大変重要になります。

　だまされたとわかると腹が立って，その契約に関係するものは全部見たくもなくなるという場合が少なくないかもしれません。だからといって腹立ち紛れに処分してしまうと不利になります。

　契約関係の書類は，大変重要なものです。トラブルになった場合には，いっそう大切であるというふうに考えて，きちんと保管しましょう。

●早期の相談がポイント

　最後に，被害解決のポイントは，早期相談・早期解決です。

　何かおかしい，納得できないと思ったら，できるだけ早く相談機関に相談することが大切です。

　時間が経過するほど解決は難しくなります。忙しいから，面倒だからと後回しにしないようにしましょう。

　契約直後であれば解決できたものが，1か月，1年とたてば，解決は困難となります。解決できたとしても，解決までの手間ひまやコストがかかるだけでなく，解決内容は悪くなりがちです。

5　適格消費者団体訴訟制度

> **Q**　2008年改正で消費者団体訴訟制度が導入されたということですが，これはどういう制度ですか。

●消費者団体訴訟制度とは

　消費者団体訴訟制度とは，2007年6月から施行された消費者契約法改正法に基づいた制度です。

　内閣総理大臣が適格消費者団体として認定した一定の要件を備えた消費者団体が，消費者を代表して，消費者契約法に違反する契約条項を用いたり，不当な勧誘を行ったりする行為を差し止める訴訟をすることができることとした制度です。

　消費者契約法では，すべての消費者契約（ただし，労働契約は除く）を対象に，民法等に反して消費者に一方的に不利な契約条項や，誤認や困惑をもたらす不当な勧誘行為について差止訴訟ができるものとしています。

　実際に被害に遭った消費者が自分の問題を解決するためにのみ法律を利用できるというだけでは，少額で多数の被害をもたらす消費者契約の適正化のためには不十分でもあり，後追いになることから制度化されたものです。

●特定商取引法にも導入

　その後，景品表示法・特定商取引法・食品表示法にも，消費者団体訴訟制度が導入されることになりました。

　個別の被害に遭った消費者が特定商取引法違反を理由に契約を取り消すなどの事後的解決を図るために利用するだけではなく，消費者団体による差止めにより未然に被害の拡大を防止することができることを意図した制度です。

　特定商取引法では，消費者契約法のような民事ルールとは違って，監督官庁による行政処分の制度があります。これまで経済産業省・消費者庁と都道府県による行政処分は累計で何百件にも上っています。しかし，それでも悪質業者の実状からすると不十分との指摘もあり，消費者団体訴訟制度は，これらを補完する役割を果たすことが期待されています。

●差止めの対象になるもの

　事業者が，訪問販売・電話勧誘販売・通信販売・特定継続的役務提供・連鎖販売取引・業務提供誘引販売取引・訪問購入に関し，不特定かつ多数の者に対して，

①　不実告知，故意の事実不告知，威迫困惑等の不当な勧誘行為

②　著しく虚偽または誇大な広告

③　クーリング・オフを無意味にするような特約または契約の解除等に伴う損害賠償等の額を過大にする特約等を含む契約の締結

などを現に行い，または行うおそれがあるときは，行為の差止請求ができます。

●適格消費者団体とは

　現在（2022年12月）適格消費者団体と認定されているのは23団体です。団体に関する情報は消費者庁のホームページで公開しています。

　今後は，制度を効果的に活用するための，悪質業者の実状などを消費者団体に情報提供する効果的な仕組みづくりや，消費者団体の財政基盤の充実などが重要な課題です。

索　引

246

〈著者紹介〉

村　千鶴子（むら　ちづこ）

1953年生まれ
名古屋大学法学部卒業
1978年4月から弁護士
2004年4月から東京経済大学現代法学部教授
現在,
日本消費者法学会理事
日本弁護士連合会消費者問題対策委員会委員
東京都消費者被害救済委員会会長
一般財団法人日本消費者協会理事長
特定非営利活動法人消費者機構日本副理事長
などを務める。

〈主な著書〉
「消費者はなぜだまされるのか」平凡社新書
「消費者のための民法入門」新世社
「Q&A 市民のための消費者契約法」中央経済社
「Q&A ポイント整理　改正消費者契約法・特定商取引法」弘文堂
「誌上法学講座　特定商取引法を学ぶ」国民生活センター
「消費生活相談員のための消費者3法の基礎知識」中央経済社
「葬儀・墓地のトラブル相談 Q&A（第2版）」（共著）民事法研究会
などがある。

Q&A市民のための
特定商取引法（第2版）

2005年5月1日	第1版第1刷発行	
2008年11月10日	第2版第1刷発行	
2009年12月1日	第3版第1刷発行	
2013年4月20日	第4版第1刷発行	
2017年4月10日	改題新版第1刷発行	
2023年3月1日	改題第2版第1刷発行	

著　者　村　　千　鶴　子
発行者　山　本　　　継
発行所　㈱中央経済社
発売元　㈱中央経済グループ
　　　　パブリッシング

〒101-0051　東京都千代田区神田神保町1-31-2
電　話　03（3293）3371（編集代表）
　　　　03（3293）3381（営業代表）
https://www.chuokeizai.co.jp

印刷／文唱堂印刷㈱
製本／㈲井上製本所